Messe gestalten

Grundlagen und Anregungen –
mit Vorschlägen aus dem Gotteslob

Herausgegeben vom
Liturgiereferat der Erzdiözese Wien

Erarbeitet von Judith Werner, Manuela Ulrich,
Peter Jüthner und Armin Kircher
unter der Leitung von Martin Sindelar

Tyrolia-Verlag · Innsbruck-Wien

Fotonachweis:

Titelbild: Franz Josef Rupprecht (www.kathbild.at)
Seite 11: APG 2.1/Claudia Henzler (www.henzlerworks.com)
Seite 33: Franz Josef Rupprecht (www.kathbild.at)
Seite 59: Franz Josef Rupprecht (www.kathbild.at)
Seite 93: APG 2.1/Claudia Henzler (www.henzlerworks.com)

Quellennachweis:

Seite 26 (Adolf Adam): Adolf Adam/Winfried Haunerland, Grundriss Liturgie. 2., korrigierte Auflage der Neuausgabe 2012, Freiburg 2014, 220.
Seite 38 (Eduard Nagel): Eduard Nagel, Antwortpsalm – Vollzug, in: praxis gottesdienst 9/2007, 7.
Seite 54 (Rupert Berger): Rupert Berger, Pastoralliturgisches Handlexikon. Das Nachschlagewerk für alle Fragen zum Gottesdienst. 5., völlig überarbeitete Auflage, Freiburg 2013, 127f.
Seite 64 (Hans Stockhammer): Der eucharistische Teil der Messfeier. Vorschläge zur Gestaltung, hrsg. v. Liturgiereferat des Pastoralamtes Linz, Linz 1996, 6.
Seite 82 (Cyrill v. Jerusalem): Cyrill von Jerusalem, Mystagogische Katechese 5, 21, in: Mystagogicae Catecheses. Mystagogische Katechesen, hrsg. und übers. v. Georg Röwekamp, Freiburg 1992 (= Fontes Christiani 7), 163.

Allgemeine Einführung in das Messbuch, in: Messbuch. Für die Bistümer des deutschen Sprachgebietes. Authentische Ausgabe für den liturgischen Gebrauch. Teil I: Die Sonn- und Feiertage deutsch und lateinisch. Die Karwoche deutsch, Freiburg u. a. 1976, 19*–69*.
Grundordnung des Römischen Messbuchs. Vorabpublikation zum Deutschen Messbuch (3. Auflage), Bonn 2007 (= Arbeitshilfen der Deutschen Bischofskonferenz 125).
Messbuch. Für die Bistümer des deutschen Sprachgebietes. Authentische Ausgabe für den liturgischen Gebrauch. Teil II: Das Messbuch deutsch für alle Tage des Jahres außer der Karwoche, Freiburg u. a. 1997.
Pastorale Einführung in das Messlektionar, in: Mess-Lektionar. Für die Bistümer des deutschen Sprachgebietes. Authentische Ausgabe für den liturgischen Gebrauch. Band I: Die Sonntage und Festtage im Lesejahr A, Freiburg u. a. 1993, 11*–40*.
Direktorium für Kindermessen, in: Gottesdienst mit Kindern. Ergänzte und überarbeitete Neuauflage, hrsg. v. Dt. Katecheten-Verein e.V. u. v. Dt. Liturgischen Institut, München 2007, 7–27.
Gotteslob. Katholisches Gebet- und Gesangbuch. Ausgabe für die (Erz-)Diözesen Österreichs, hrsg. v. d. (Erz-)Bischöfen Deutschlands und Österreichs und dem Bischof von Bozen-Brixen, Stuttgart 2013.
Karl Rahner/Herbert Vorgrimler, Kleines Konzilskompendium. Sämtliche Texte des Zweiten Vatikanischen Konzils. Allgemeine Einleitung, 16 spezielle Einführungen, Freiburg u. a. 35 2008.

Die Bibelzitate stammen aus der Einheitsübersetzung der Heiligen Schrift © 1980 Katholische Bibelanstalt, Stuttgart.

Die Ständige Kommission für die Herausgabe der gemeinsamen liturgischen Bücher im deutschen Sprachgebiet erteilte für die aus diesen Büchern entnommenen Texte die Abdruckerlaubnis.

Impressum:

Mitglied der Verlagsgruppe „engagement"

Bibliografische Information der Deutschen Nationalbibliothek
Die Deutsche Nationalbibliothek verzeichnet diese Publikation in der Deutschen Nationalbibliografie; detaillierte bibliografische Daten sind im Internet über http://dnb.d-nb.de abrufbar.

2015
© Verlagsanstalt Tyrolia, Innsbruck
Umschlaggestaltung: Tyrolia-Verlag
unter Verwendung eines Bildes von Franz Josef Rupprecht (www. kathbild.at)
Layout und digitale Gestaltung: W&W Grafik und Design GesmbH (www.wwgrafik.at)
Lithografie: Artilitho, Lavis (I)
Druck und Bindung: Alcione, Lavis (I)
ISBN 978-3-7022-3434-8
E-Mail: buchverlag@tyrolia.at
Internet: www.tyrolia-verlag.at

Liebe Leserinnen und Leser,
liebe Schwestern und Brüder in Christus!

„Messe gestalten" – wozu? Wenn die heilige Messe wie eine Quelle für unser Leben ist, ohne die wir als Christinnen und Christen nicht leben können, dann kann es nicht nur darum gehen, regelmäßig aus dieser Quelle zu trinken, also die Eucharistie zu feiern. Es braucht auch die Pflege und den achtsamen Umgang mit dem Quellgrund. Ich meine damit einen liebevollen und aufmerksamen Umgang mit der äußeren Gestalt der heiligen Messe, ohne dabei die Notwendigkeiten der jeweiligen Zeit außer Acht zu lassen. Eine Quelle wird nicht zum Selbstzweck gepflegt, sondern damit ihr Wasser leben lässt und Wachstum bringt: Die Teilhabe an dem großen Lob- und Dankopfer der ganzen Gemeinschaft, die zur Messe zusammenkommt, erfahrbar und für den Einzelnen fruchtbar werden zu lassen. Darum geht es, wenn wir Messe „gestalten": Vier einfache Fragen können dabei ein Wegweiser sein:

• Bin ich bereit, mich **in den Dienst Gottes** nehmen zu lassen und meine Wünsche oder Vorlieben mit Blick auf das gemeinsame Feiern hintanzustellen?
• Bin ich bereit, dem Wirken Gottes **– dem „Heiligen"– Raum zu geben** und damit zu rechnen, dass Gottes eigenes Handeln meist die Handschrift des Einfachen, Kleinen, Wehrlosen und Unspektakulären trägt?
• Führt die gewählte Form, das ausgewählte Gestaltungselement, tiefer in das Geheimnis unseres Glaubens, in die **Begegnung mit Jesus Christus**, der für uns – für mich – gelitten hat, gekreuzigt wurde und der mir in der Taufe Anteil an seiner Auferstehung geschenkt hat?
• Bin ich mir bewusst, dass jede Liturgie ein gemeinsames Tun der ganzen **Kirche** ist – jener, die vor uns war, und jener, mit der ich unterwegs bin? Bin ich daher bereit, mich dem Glaubenszeugnis, wie ich es in den liturgischen Büchern finde, **anzuvertrauen**?

Dieses Buch wird Ihnen dabei ein praktischer Helfer: ein Werkbuch zum „Messe gestalten" – wie ein handlicher Werkzeugkasten zur Pflege des Quellgrundes. Ich wünsche allen, die mit diesem Buch arbeiten, die Freude des Wanderers über eine frische Quelle am Wegrand. Dem Autorenteam und dem Tyrolia-Verlag ein herzliches Dankeschön.

Und Ihnen allen, die Sie mit dem Werkbuch arbeiten,
meine herzlichen Segenswünsche

+Christoph Kardinal Schönborn

Christoph Kardinal Schönborn
Erzbischof von Wien

Die Feier der heiligen Messe

Eröffnung

Wir machen uns bereit

Begrüßung
Schuldbekenntnis
(Kyrie)
(Gloria)
Tagesgebet

Abschluss

Wir gehen mit Chistus ins Leben

Verlautbarung
Segen und
Entlassung

Wortgottesdienst
Lesung(en)
Evangelium
Homilie
Glaubensbekenntnis
Fürbitten

Wir hören Gottes Wort

Wir antworten

Wir bekennen und bitten

Eucharistiefeier
Gabenbereitung
Hochgebet
Kommunion

Wir empfangen

Wir danken – Gott wandelt

Wir bringen, was Gott uns schenkt

Inhalt

Wie verwende ich das Werkbuch?

Das Werkbuch „Messe gestalten" ist – entsprechend dem Aufbau der Eucharistiefeier – in vier Abschnitte gegliedert, die man an der Farbe erkennt.

In der linken Spalte wird jedes **Element der Messfeier erklärt und gedeutet**, ergänzt durch Wissenswertes zu Fachbegriffen oder zum geschichtlichen Hintergrund. Hier findet man also wichtige **Grundlagen für die Entscheidung, was** beim Gestalten von Gottesdiensten **sinnvoll ist und was nicht**.

An dieser Stelle stehen Zitate, die das „untermauern", was erklärt und vorgeschlagen wird. Sie stammen aus liturgischen Büchern oder von Fachexperten.

Im Gottesdienst sind ja nicht nur das gesprochene Wort und das gesungene Lied entscheidend, sondern auch die Art und Weise, wie wir mit unseren Zeichen und Symbolen feiern!

Die **Tabellen** in diesem Buch können nicht nur **von oben nach unten**, sondern auch **von links nach rechts** gelesen werden: Anregungen zur Gestaltung und Beispiele aus dem Gotteslob stehen jeweils in derselben Höhe wie die Erklärungen in der grünen Spalte.

Was geschieht?

Schritt für Schritt wird in dieser Spalte der **Ablauf der Messfeier** mit seinen Riten beschrieben und kommentiert: Was geschieht wo und warum? Wer übernimmt welche Dienste? An welcher Stelle wird was gesungen? Welche Auswahlmöglichkeiten bietet das Messbuch an einzelnen Stellen der Feier?

Liturgie ist Gottes Dienst an uns und unser Dienst vor Gott. In der Feier des Gottesdienstes stärkt uns Gott, er versöhnt, heilt, sammelt und sendet uns. Er lädt uns ein, immer wieder auf seinen Ruf zu antworten: in Lobpreis, Gebet und Gesang und im Dienst am Nächsten.

Alles, was in diesem Buch angeführt ist, hat seine Grundlage in den liturgischen Büchern bzw. in offiziellen kirchlichen Dokumenten. Dazu zählen v. a. das Deutsche **Messbuch I+II (MB I+II)** mit seiner **Allgemeinen Einführung (AEM)**. Mit Erscheinen eines neuen Messbuchs in deutscher Sprache wird die AEM von der **Grundordnung des Römischen Messbuches (GORM)** abgelöst werden. Deshalb wird auch darauf Bezug genommen.

Weitere Abkürzungen:
PEM Pastorale Einführung
  in das Messlektionar
GL Gotteslob
Kv Kehrvers
K/A Kantor/Alle
Ps Psalm

Anregungen zur Gestaltung

Wer weiß, was und warum gefeiert wird, steht in vielen Fällen noch vor der Frage, **wie** das in einer bestimmten Feier umgesetzt werden kann und worauf dabei zu achten ist. Die **Anregungen** in dieser Spalte wollen dabei helfen, eine gute Möglichkeit für die eigene Gemeinde zu finden.

Ziel jeder Gestaltung ist das Mittragen und Mitfeiern aller. Sinnvoll ist das, was die Möglichkeit schafft, das Geheimnis des Leidens, des Todes und der Auferstehung Jesu Christi tiefer zu verstehen bzw. zu erahnen.

Je nach Verständlichkeit des Zitates, sind Texte aus der AEM oder aus der GORM entnommen.

Die Gedanken auf diesen Notizzetteln betrachten jeweils einen Aspekt unseres Glaubens näher. Darüber nachdenken – mit dem Kopf und dem Herz – zahlt sich aus.

Alle personenbezogenen Formulierungen (z. B. Lektor, Kommunionspender, Kantor etc.) beziehen sich – soweit dies inhaltlich in Betracht kommt – auf Frauen und Männer in gleicher Weise.

Gottes lob konkret

Nicht jedes Lied passt an jeder Stelle im Gottesdienst. Und wer könnte schon von sich sagen, dass er bereits **alle Schätze**, die im **Gotteslob** verpackt sind, entdeckt hat? Daher wird's in dieser Spalte ganz konkret: Vorschläge für alle Gesänge in der Eucharistiefeier mit Titelangabe und Gotteslob-Nummer, ergänzt durch weitere Hinweise.

Musik und Gesang im Gottesdienst sind nicht nur schmückendes Beiwerk oder Pausenfüller, sondern integraler Bestandteil der Liturgie. Eine hohe Bedeutung kommt dem gemeinsamen Singen der ganzen Gemeinde zu als eine besondere Form der tätigen Teilnahme.

Die Gotteslob-Nummern ab 700 stammen aus dem Eigenteil der (Erz-)Diözesen Österreichs. Sie werden mit GL* bezeichnet. Ein Großteil der angegebenen Gesänge findet sich aber auch in den anderen diözesanen Eigenteilen.

Warum nicht einmal ...
... etwas Neues ausprobieren? Konkrete Anregungen dafür finden sich in den Sprechblasen.

Vor dem Gottesdienst

Wir feiern Gottesdienst. Nicht wir sind es, die Gott dabei dienen. Gott dient uns! Er will uns in dieser Feier ganz nahe kommen. Darüber können wir nur staunen und dafür danken. Eucharistie bedeutet übersetzt „Danksagung". Unsere Dankbarkeit über Gottes Wirken in unserer Welt soll in diesem Fest für alle Menschen spürbar werden.

„Da die Eucharistie wie die gesamte Liturgie in sinnlich wahrnehmbaren Zeichen gefeiert wird, die den Glauben nähren, stärken und bezeugen, ist besonders darauf zu achten, aus den von der Kirche vorgegebenen Formen und Elementen jene auszuwählen und zu verwenden, die unter Berücksichtigung des Personenkreises und der örtlichen Gegebenheiten die volle und tätige Teilnahme stärker fördern und dem geistlichen Gewinn der Gläubigen besser dienen."

(GORM 20, vgl. AEM 5)

Was geschieht?

Die erste „Musik", die zum Gottesdienst ruft: das Läuten der **Glocken**.

Wer als Glaubender in den Kirchenraum tritt, ist eingeladen, das bewusst zu tun: Er bezeichnet sich mit Weihwasser und begrüßt seinen Herrn, indem er sich vor dem Altar verneigt bzw. eine Kniebeuge in Richtung Tabernakel macht.

Die Feier des Gottesdienstes erfordert Konzentration, besonders von denen, die einen liturgischen Dienst übernehmen.

Eine **Zeit der Ruhe vor dem Einzug** ist daher sowohl im Kirchenraum als auch in der Sakristei hilfreich und sinnvoll.

Es geht nicht darum, jeden Gottesdienst mit großem Aufwand zu gestalten. Es geht um die kleinen Zeichen einer liebevollen und aufmerksamen Vorbereitung.

Wenn jemand bei der Kirchentür hereinkommt, der keinen Bezug zur Kirche hat – kann er dann erahnen, wie wichtig diese Feier für uns Christen ist?

Anregungen zur Gestaltung

Gotteslob konkret

Eine gut überlegte **Läuteordnung** kann Abstufungen in der Feierlichkeit deutlich machen: Für eine Werktagsmesse kann und soll anders geläutet werden als zu hohen Festen.

Ab und zu kann die Orgel schon vor dem Gottesdienst erklingen. Gut ausgesuchte Musik kann zur Feier hinführen.

Die Zeit vor dem Gottesdienst kann für das Einüben eines neuen Liedes genutzt werden – auch so kann man sich auf den Gottesdienst einstimmen.

Gemeinsames Feiern wird erschwert, wenn die technischen Voraussetzungen nicht passen.
- Funktionieren Mikrofone und Tonanlage zuverlässig?
- Wie und wann werden die Nummern von Liedern angezeigt? Die Anzeige soll das Beten und Singen unterstützen, nicht aber vom Geschehen ablenken! Wenn auf elektrischen Nummernanzeigen z. B. der Hinweis auf das Gabenbereitungslied während des Evangeliums eingeschaltet wird, stört das.

Eröffnung

Die Eröffnung bildet gemeinsam mit dem Abschluss den „Rahmen" um die beiden Hauptteile Wortgottesdienst und Eucharistiefeier.

Aufgabe der Eröffnung ist es, uns zu einer Feiergemeinschaft zusammenzuführen, deren Mitte Jesus Christus ist. Wir wollen unser Herz öffnen für das, was uns Gott in dieser Feier schenken will: sein Wort, das uns den Weg weist, und seine Kraft, damit wir den nächsten Schritt auf diesem Weg gehen können.

„Christus ist in seiner Kirche immerdar gegenwärtig, besonders in den liturgischen Handlungen. Gegenwärtig ist er im Opfer der Messe sowohl in der Person dessen, der den priesterlichen Dienst vollzieht [...], wie vor allem unter den eucharistischen Gestalten. Gegenwärtig ist er mit seiner Kraft in den Sakramenten, so dass, wenn einer tauft, Christus selbst tauft. Gegenwärtig ist er in seinem Wort, da er selbst spricht, wenn die heiligen Schriften der Kirche gelesen werden. Gegenwärtig ist er schließlich, wenn die Kirche betet und singt, er, der versprochen hat: ‚Wo zwei oder drei versammelt sind in meinem Namen, da bin ich mitten unter ihnen.' (Mt 18,20)"
(Zweites Vatikanisches Konzil, Konstitution über die heilige Liturgie „Sacrosanctum Concilium", Art. 7)

Einzug

Gottesdienst feiern wir nicht nebeneinander, sondern miteinander. Wir ver*sammeln* uns, wir sammeln uns. Dieses Versammeln wird mit dem Einzug abgeschlossen und gedeutet: **Wir versammeln uns in der Kirche immer auf Christus hin!**

„Der Gesang (zur Eröffnung) hat die Aufgabe, die Feier zu eröffnen, die Zusammengehörigkeit aller Teilnehmer zu fördern, sie innerlich in das Mysterium der liturgischen Zeit oder des Festes einzustimmen sowie den Einzug des Priesters und der liturgischen Dienste zu begleiten."
(GORM 47, vgl. auch AEM 25)

Deshalb führt der Einzug durch die Gemeinde hindurch zum Altar, der Christus symbolisiert.

Jesus ist in unserer Mitte und mehr noch: er ist die Mitte, um die wir uns versammeln. Denn er hat uns versprochen:
„Wo zwei oder drei in meinem Namen versammelt sind, da bin ich mitten unter ihnen." (Mt 18,20)

Was geschieht?

Beim **Einzug** gehen **alle, die in dieser Feier einen liturgischen Dienst** übernehmen, mit: Ministranten, Lektoren, Kantoren, Kommunionhelfer, Diakone und Priester. Sie tun diesen Dienst als Teil der Gemeinde und für diese.

Die **Einzugsprozession** wird vom **Gesang zur Eröffnung** begleitet. Er soll mit der Prozession beginnen und zum Ende kommen, wenn alle, die einen Dienst ausüben, an ihren Plätzen angekommen sind. Der **Eröffnungsgesang** soll deutlich machen: Wir sind hier, um zu feiern.

Anregungen zur Gestaltung	Gotteslob konkret

Anregungen zur Gestaltung

Der Einzug soll **durch die versammelte Gemeinde** führen. So wird deutlich: Wer einen liturgischen Dienst tut, kommt aus der Gemeinde und tut dies als Dienst für die Gemeinde.

....

Im Messbuch findet sich für jeden Tag ein **Eröffnungsvers**, der das Thema anklingen lässt. Dieser kann zur Eröffnung von einem Kantor und der Gemeinde im Wechsel gesungen werden oder als Anregung dienen, um ein passendes Lied auszusuchen.

Themen für die Liedauswahl:
- Versammlung, Eröffnung, Gemeinschaft in Christus, Lobpreis
- Bezug zum Anlass des Tages, zur Zeit im Kirchenjahr oder zur Tageszeit

Gesangsformen:
- Psalmengesang (vgl. Eröffnungsvers im Messbuch, Introitus)
- (Strophen-)Lied oder Kanon
- Kyrie-Litanei oder „Leisen"
- anderer geeigneter Gesang

Ausführung:
- Gemeindegesang
- Gemeinde und Kantor/Chor im Wechsel, z. B. Aufteilung der Strophen oder Kv für die Gemeinde
- Chorgesang, wenn das Volk an anderen Gesängen des Eröffnungsteils beteiligt ist

Manchmal kann auch ein Instrumentalstück oder der Einzug in Stille (auf jeden Fall am Karfreitag!) passend sein.

Gotteslob konkret

Psalmengesang für K/A:

GL 56,1 Freut euch: Wir sind Gottes Volk (Kv) + K-Verse aus Psalm 100 (GL 56,2)

GL 141 Auf, lasst uns jubeln dem Herrn (Kv) + Ps 95 (GL 53,2)

Lieder mit eröffnendem Charakter:

GL 142 Zu dir, o Gott, erheben wir – *nach Ps 25, enthält bereits den Bußgedanken*

GL 143 Mein ganzes Herz – *nach Ps 138*

GL 144 Nun jauchzt dem Herren, alle Welt

GL 145 Wohin soll ich mich wenden – *neu: 2.–4. Str.*

GL 146 Du rufst uns, Herr, an deinen Tisch – *mit Gitarrenakkorden*

GL 147 Herr Jesus Christ, dich zu uns wend

GL 148 Komm her, freu dich mit uns

GL 149 Liebster Jesu, wir sind hier

GL 477 Gott ruft sein Volk zusammen

GL 479 Eine große Stadt ersteht

GL 717* Alle Menschen höret

GL 718* Wir feiern heut ein Fest – *besonders für die Feier mit Kindern geeignet*

GL 926* Wo zwei oder drei – *Kanon*

Lieder mit lobpreisendem Charakter:

GL 381 Dein Lob, Herr, ruft der Himmel aus – *nach Ps 19*

GL 392 Lobe den Herren – *neue 4. Str.*

GL 393 Nun lobet Gott im hohen Thron – *nach Ps 117*

GL 394 Laudate Dominum – *Taizé, mehrstimmig*

GL 396 Lobt froh den Herrn

GL 409 Singt dem Herrn ein neues Lied

GL 411 Erde, singe – *neue 3. Str.*

Einzug

Was geschieht?

Das **Ziel** der Einzugsprozession ist der **Altar**, auf dem die Eucharistie gefeiert wird. Als Zeichen für Christus wird der Altar beim Einzug von allen, die mitgehen, mit einer Verneigung begrüßt, von Priestern und Diakonen dann mit einem Kuss verehrt.

Bei feierlichen Gottesdiensten wird das **Evangeliar** beim Einzug mitgetragen und auf den Altar gelegt.

Wird ein **Bischof** oder **Gastpriester** begrüßt, so ist der richtige Moment dafür direkt nach dem Einzug, also noch vor dem Kreuzzeichen.

Jede und jeder Einzelne ist eingeladen, sich in dieser Feier Gott anzuvertrauen, ihm nahe zu sein und ihn in seinem/ihrem Leben wirken zu lassen. Wir feiern Jesu Tod und Auferstehung, um selbst daran teilzuhaben. Wir bringen unser Leben vor Gott und lassen uns von ihm beschenken.

Anregungen zur Gestaltung

Wird **Weihrauch** verwendet, wird der Altar beim Einzug inzensiert (beräuchert).

Gotteslob konkret

GL 414 Herr, unser Herr, wie bist du zugegen – *kann mit K/A aufgeteilt werden*

GL 422 Ich steh vor dir mit leeren Händen, Herr – *besonders in der Fastenzeit, Begräbnis*

GL 464 Gott liebt diese Welt

GL 467 Erfreue dich, Himmel – *nach Ps 148, mit Kehrvers*

GL 472 Manchmal feiern wir – *mit Gitarrenakkorden*

GL 874* Singet, danket unserm Gott

Kyrie-Litaneien und „Leisen"[1]**:**

GL 161 Du rufst uns, Herr – *Kyrie-Litanei für K/A*

GL 162 Mit lauter Stimme – *Kyrie-Litanei für K/A, nach Ps 142, 1–4.6, mit Gitarrenakkorden*

GL 348 Nun bitten wir den Hl. Geist – *endet auf „Kyrieleis"*

GL 481 Sonne der Gerechtigkeit – *endet auf „Erbarm dich, Herr"*

Warum nicht einmal ...
... wirklich alle, die in dieser Feier einen liturgischen Dienst tun, beim Einzug mitnehmen und so die Vielfalt der Dienste sichtbar machen?

[1] Leisen: Lieder, die auf „Kyrieleis" enden.

Kreuzzeichen, Begrüßung und Einführung

Der Vorsteher eröffnet den Gottesdienst. Die ersten Worte, die er spricht, erinnern uns: Wir sind versammelt im Namen des dreifaltigen Gottes, *„im Namen des Vaters und des Sohnes und des Heiligen Geistes"*. Zu diesen Worten bezeichnen wir uns alle mit einem Kreuz. Mit dem biblischen Gruß *„Der Herr sei mit euch …"* wird deutlich: Wo wir uns als Kirche versammeln, dort ist der Herr gegenwärtig. An uns liegt es, unser Leben und unser Miteinander so zu gestalten, dass er uns nahe sein und unter uns wirken kann. Mit unserer Antwort *„Und mit deinem Geiste"* erkennen wir den Geist Gottes an, der im Priester kraft seiner Weihe wirkt.

„Nach dem Gesang zum Einzug macht der Priester gemeinsam mit allen das Kreuzzeichen. Dann ruft er der versammelten Gemeinde durch den Gruß die Gegenwart des Herrn ins Bewusstsein. Durch diesen Gruß und die Antwort der Gemeinde wird das Gegenwärtigsein des Mysteriums der Kirche in der feiernden Gemeinde zum Ausdruck gebracht."
(AEM 28, vgl. GORM 50)

Was geschieht?

Die liturgische Eröffnung durch den Vorsteher geschieht **vom Vorstehersitz aus**. Von dort aus leitet der Priester die Eröffnung und den Wortgottesdienst.

An die liturgische Begrüßung kann sich eine **kurze, prägnante Einführung** anschließen. Sie soll sich auf die Feier insgesamt beziehen und nicht die Lesungen vorwegnehmen.

Anregungen zur Gestaltung

Das Messbuch bietet **mehrere Möglichkeiten der Begrüßung** der Gemeinde an. Soll die Begrüßung besonders feierlich gestaltet sein, kann der Priester sie singen.

....

Übernimmt die Einführung in die Feier der Vorsteher, so spricht er von seinem Platz aus.

Spricht jemand anderer, so tut er das von einem Ort aus, an dem er Blickkontakt zur Gemeinde hat und gut gehört wird.

An diesem Platz ist ein Mikrofon sinnvoll, das auch vom Kantor verwendet werden kann.

Gotteslob konkret

Das Kreuzzeichen ist das kürzeste „Glaubensbekenntnis". Indem wir uns mit dem Kreuz bezeichnen, drücken wir aus, dass wir unser Leben in das Zeichen des Kreuzes stellen. Wir wollen verbunden mit Jesus Christus leben.

Warum nicht einmal ...
... einen Gottesdienst am Abend mit einem Lichtlobpreis (einem Luzernar) eröffnen? Eine brennende Kerze wird in die Versammlung gebracht. Das Licht wird an die Mitfeiernden ausgeteilt. Vorschläge finden sich im Gotteslob unter Nr. 641, 659–661.

Bußritus oder Taufgedächtnis

Im Bußakt halten wir einen Moment „inne": Wir sind als Sünder versammelt. Vor Gott und unseren Brüdern und Schwestern bekennen wir, dass wir Gutes unterlassen und Böses getan haben. Wir wissen, dass wir das Erbarmen Gottes immer wieder neu brauchen.

„Am Sonntag, vor allem in der Osterzeit, kann anstelle des üblichen Bußaktes ... die Segnung des Wassers und die Besprengung damit zum Gedächtnis an die Taufe vollzogen werden."
(GORM 51)

In der Taufe hat uns Gott einen neuen Anfang geschenkt. Wir sind gerufen, als seine Kinder zu leben. Das machen wir uns im Taufgedächtnis, das vor allem am Sonntag an die Stelle des Bußaktes treten kann, immer neu bewusst.

Was geschieht?

Im Messbuch finden sich vier Formen zur Auswahl:

Form A: Allgemeines Schuldbekenntnis (vgl. GL 582,4)
- Einladung
- Schuldbekenntnis
- Stille und Vergebungsbitte

Form B: Wechselgebet
(vgl. GL 582,5)
- Einladung
- „Erbarme dich, Herr unser Gott, erbarme dich ..."
- Stille und Vergebungsbitte

Form C: Kyrie-Litanei
- Einladung
- Kyrie mit Huldigungsrufen an Christus
- Stille und Vergebungsbitte

Anregungen zur Gestaltung

Gotteslob konkret

Das Allgemeine Schuldbekenntnis der Form A und B kann durch ein **Bußlied** ersetzt werden.

Bußlieder:

GL 266 Bekehre uns, vergib die Sünde – *kann mit K/A gesungen werden, besonders für die Fastenzeit*

GL 268 Erbarme dich, erbarm dich mein – *nach Ps 51*

GL 273 O Herr, nimm unsre Schuld

GL 437 Meine engen Grenzen – *enthält ein „Herr, erbarme dich"*

GL 440 Hilf, Herr, meines Lebens

GL 814* O höre, Herr, erhöre mich – *mit Kehrvers, kann mit K/A aufgeteilt werden, enthält ein „Herr, erbarme dich"*

GL 815* Sag Ja zu mir, wenn alles Nein sagt – *mit Kehrvers, kann mit K/A aufgeteilt werden*

Bei der Form C werden den einzelnen Rufen frei formulierte **Tropen** vorangestellt, also Verse, die beschreiben, wie Christus ist, was er für uns getan hat und immer noch tut. Das Kyrie ist ein Ruf an Christus.

Formulierungen, die unsere Schuld und Schwachheit besingen, sind beim Kyrie fehl am Platz. Ebenso zu vermeiden sind moralisierende Formulierungen.

Kyrie-Litaneien:

GL 161 Du rufst uns, Herr – *auch als Eröffnungsgesang geeignet*

GL 164 Der in seinem Wort uns hält

GL 561 Jesus-Litanei – *passende Christusrufe auswählbar*

GL 582,6 Herr Jesus Christus, du bist vom Vater gesandt – *vertonte Kyrie-Litanei aus dem Messbuch*

GL 715,1* Herr Jesus Christus, du kamst in die Welt – *aus der Messe von K.-B. Kropf, mit Gitarrenakkorden*

GL 720* Herr Jesus Christus, du sichtbare Liebe des Vaters – *mit Ruf „Herr, du Erbarmer"*

Was geschieht?

Bußritus oder Taufgedächtnis

Nicht nur „äußerlich" sollen wir uns in die Geheimnisse, die wir feiern, einstimmen – noch wichtiger ist die innere Ausrichtung auf Gott! Wir müssen uns immer wieder neu auf Gott ausrichten und uns Ihm zuwenden. So lernen wir, auch im Alltag in Gottes Gegenwart zu leben.

Form D: Sonntägliches Taufgedächtnis (im Anhang des Messbuchs, vgl. GL 582,7)
- Einladung
- Anrufung Gottes über dem Wasser
- Segnung und Ausspendung des Wassers, begleitet von Gesang
- Vergebungsbitte

Wir erinnern uns, dass uns in der Taufe alle Schuld vergeben wurde und Gott uns als seine Kinder angenommen hat.

Anregungen zur Gestaltung

Die Kyrie-Rufe können passend zum Festanlass bzw. zu den Lesungen formuliert werden. Das Gotteslob bietet dazu eine reiche Auswahl an gesungenen Kyrie-Litaneien.

Gotteslob konkret

Besonders für die geprägten Zeiten:

GL 158 Tau aus Himmelshöhn – *Advent*

GL 159 Licht, das uns erschien – *Weihnachten, neue Melodie, kann auch nach GL 158 gesungen werden*

GL 160 Gott des Vaters ewiger Sohn – *Advent, Weihnachten, am Ende des Kirchenjahres*

GL 162 Mit lauter Stimme – *Fastenzeit, Bußcharakter, mit Gitarrenakkorden*

GL 165 Send uns deines Geistes Kraft – *besonders für Pfingsten, Hl. Geist*

GL 279 Hosanna dem Sohne Davids – *Palmsonntag, Melodie wie GL 163*

Mit verschiedenen Textvarianten:

GL 163,1–8 *je nach Kirchenjahr/ Festanlass verschiedene Textvarianten*

GL 721* *dt. Christusrufe nach Kirchenjahr/Festanlass zu griech. Kyrie-Ruf aus GL 155*

GL 722* *Melodie wie GL 158, Texte für die geprägten Zeiten*

Beim sonntäglichen Taufgedächtnis bietet es sich an, ein **Tauflied** zu singen und so das Besprengen der Gemeinde mit Gesang zu begleiten.

Wann ist diese Form besonders geeignet?
- In der Osterzeit,
- am Fest Taufe des Herrn,
- am Kirchweihfest,
- an Allerheiligen,
- als Taufgedächtnis mit Kommunionkindern oder Firmkandidat/innen

Wechselgesänge zum Taufgedächtnis:

GL 124 Asperges me – *lateinischer Wechselgesang mit K/A*

GL 125,1.2 Vidi aquam – *lateinischer Wechselgesang mit Kv und K-Verse aus Ps 118, besonders zu Ostern*

GL 312,6 Freudig lasst uns schöpfen (Kv) – *dazu können Verse aus einem Psalm od. Jes 12 kombiniert werden*

GL 891* Alle meine Quellen – *mit Kv, Strophen können auch von K/Chor übernommen werden*

Bußritus oder Taufgedächtnis

Was geschieht?

Das Taufgedächtnis tritt an die Stelle des Bußaktes Form A–C.

Enthält das **Tagesgebet** eine **Vergebungsbitte**, kann diese im Bußritus entfallen.

Wann entfällt der Bußritus?

- Wenn der heiligen Messe unmittelbar eine andere liturgische Feier vorausgeht, z. B. ein Bittgang.
- Wenn das Messbuch für diesen Tag eine Sonderregelung vorsieht, z. B. Palmsonntag.
- Falls zur Eröffnung ein Bußlied gesungen wird, also ein Lied, in dem zum Ausdruck kommt, dass wir Sünder sind.
- Wenn die besondere Festlichkeit eines Gottesdienstes das nahelegt.

Anregungen zur Gestaltung

Gotteslob konkret

Weitere Lieder und Gesänge zum Taufgedächtnis:

GL 329   Das ist der Tag, den Gott gemacht (3.+4. Str.) – *besonders in der Osterzeit*

GL 397   All meine Quellen entspringen in dir – *Kanon, mit Gitarrenakkorden*

GL 483   Halleluja. Ihr seid das Volk (1.2.4. Str.) – *mit Gitarrenakkorden*

GL 488   Die ihr auf Christus getauft seid – *ostkirchliche Melodie, mehrstimmig*

GL 489   Lasst uns loben

GL 491   Ich bin getauft und Gott geweiht

GL 924 (925)* Fest soll mein Taufbund – *zwei Textvarianten*

Warum nicht einmal ...
... bei einem festlichen Gottesdienst statt des Bußritus ein Taufgedächtnis feiern?

Kyrie

Im Kyrie, das an der Schnittstelle von Bußritus und Gloria steht, rufen wir Christus an und bitten um sein Erbarmen.

> „Da in diesem Gesang die Gläubigen den Herrn anrufen und um sein Erbarmen bitten, soll das Kyrie für gewöhnlich von allen gesungen werden, das heißt von Gemeinde und Sängerchor beziehungsweise Kantor."
> (AEM 30, vgl. GORM 52)

Der Ruf „Herr, erbarme dich" ist keine Wiederholung des Bußaktes, sondern seine Fortführung. Wir preisen unseren Herrn, der Erbarmen schenkt! Wir wissen um seine Größe und Macht.

Mit dem Ruf „κύριε ἐλέησον" (Kyrie eleison) begrüßten die Menschen in der Antike jeden Morgen das Aufgehen der Sonne, die sie als Gottheit verehrten. Mit demselben Ruf wurde der Kaiser begrüßt, wenn er in eine Stadt einzog, oder ein siegreicher Feldherr. Ein so kurzer und prägnanter Ruf wurde natürlich nicht nur ein einziges Mal gesungen, sondern öfters wiederholt und mit Versen zu einer Litanei erweitert.

Das wurde in der frühen Kirche übernommen und auf Christus hin umgedeutet. So wurde das Kyrie zu einem Bekenntnis zum „Kyrios", zum auferstandenen Herrn und seinem Wirken unter uns.

Was geschieht?

Im Bußritus haben wir unsere Schuld bekannt. Nach dem Bußritus wird das Kyrie angestimmt. Es gehört zu den ältesten Teilen im Gottesdienst.

Gewöhnlich soll das Kyrie so gestaltet werden, dass **alle Gläubigen sich daran beteiligen** können. Als Ruf an Christus wird das Kyrie gesungen.

Ist das Singen nicht möglich, kann das Kyrie auch gesprochen werden.

Das Kyrie an dieser Stelle **entfällt**
- wenn es Teil des Eröffnungsliedes ist,
- beim Bußritus Form C (Kyrie-Litanei),
- beim sonntäglichen Taufgedächtnis (Form D)

Jesus Christus ist unser Kyrios, unser HERR! In der Urkirche nannte man den ersten Tag der Woche „Herrentag". Man traf sich an diesem Tag zum „Herrenmahl".

Anregungen zur Gestaltung	Gotteslob konkret

Anregungen zur Gestaltung

Die Rufe können in Griechisch (Kyrie eleison, Christe eleison) oder in der Volkssprache (Herr, erbarme dich, Christus, erbarme dich) gesungen werden.

· ·

Es kann z. B. vom Kantor bzw. Chor im Wechsel mit der Gemeinde vorgetragen werden.

Wenn das Kyrie von Chor oder Schola gesungen wird, ist darauf zu achten, dass die Gemeinde sich bei anderen Gesängen im Eröffnungsteil beteiligen kann.

· ·

Warum nicht einmal ...

... die Kyrie-Rufe an dieser Stelle auslassen und stattdessen zur Eröffnung ein Lied singen, das „Kyrie eleison" oder „Herr, erbarme dich" als Ruf beinhaltet? Das passt besonders gut in der Fasten- und Adventzeit.

Gotteslob konkret

Kyrie-Rufe (Choralmessen):

GL 104 *aus der Missa mundi, einfache Choralmesse, für K/A*

GL 108 *aus der Missa de Angelis, für K/A*

GL 113 *aus der Missa „Lux et origo", für K/A*

GL 117 *aus der Missa „Adventus et Quadragesima", für Advent und Fastenzeit, für K/A*

GL 121 *gregorianischer Kyrie-Ruf*

GL 513 *für ein Requiem*

Weitere Kyrie-Rufe:

GL 154 *Taizé, mehrstimmig, für K/A geeignet*

GL 155 *mit einer orthod. Melodie, mehrstimmig*

GL 156 *Taizé, mehrstimmig, für K/A geeignet*

GL 719* *mit Gitarrenakkorden*

GL 723* *Kanon, mit Gitarrenakkorden*

Herr, erbarme dich (unser):

GL 126 *aus der Alban-Messe, für K/A*

GL 128 *aus der Mainzer Dom-Messe, für K/A*

GL 130 *aus der Paulus-Messe, für K/A*

GL 134 *aus der Florian-Messe, für K/A*

GL 137 *aus der Leopold-Messe, für K/A*

GL 151 *dt. Kyrie-Ruf für K/A mit je 3 Rufen*

GL 153 *dt. Kyrie-Ruf für K/A mit je 3 Rufen*

GL 157 *mehrstimmig (von Peter Janssens)*

GL 712,1* *aus der Markus-Messe, für K/A*

GL 713,1* *aus der St.-Pöltener-Messe, für K/A mit je 3 Rufen*

Gloria

Das Gloria ist ein Hymnus aus frühchristlicher Zeit zum Lob des dreifaltigen Gottes. Man kann es als Intensivierung der Kyrie-Rufe verstehen.

„Das ‚Gloria in excelsis Deo' gehört zu jenen zahlreichen Hymnen, die von der ältesten Kirche gedichtet und gesungen wurden, bevor man die Psalmen zum eigentlichen Liederbuch der Kirche machte." (Adolf Adam)

Vom Aufbau her besteht es aus einem Lobpreis an den Vater im Himmel, einer Litanei an Christus – also einer Reihe von huldigenden Zurufen – und einem Abschluss, in dem der dreifaltige Gott gepriesen wird.

Was geschieht?

Das Gloria wird an **Sonntagen, Hochfesten und Festen** sowie **bei feierlichen Anlässen** gesungen. Es entfällt in der Advent- und Fastenzeit.

Das Gloria wird von allen gemeinsam gesungen oder im Wechsel von Gemeinde und Kantor bzw. Chor.

Kann das Gloria nicht gesungen werden, wird es gesprochen.

Ehre sei Gott in der Höhe und Friede auf Erden den Menschen seiner Gnade. Wir loben dich, wir preisen dich, wir beten dich an, wir rühmen dich und danken dir, denn groß ist deine Herrlichkeit. Herr und Gott, König des Himmels, Gott und Vater, Herrscher über das All, Herr, eingeborener Sohn, Jesus Christus. Herr und Gott, Lamm Gottes, Sohn des Vaters, du nimmst hinweg die Sünde der Welt: erbarme dich unser; du nimmst hinweg die Sünde der Welt: nimm an unser Gebet; du sitzest zur Rechten des Vaters: erbarme dich unser. Denn du allein bist der Heilige, du allein der Herr, du allein der Höchste: Jesus Christus, mit dem Heiligen Geist, zur Ehre Gottes des Vaters. Amen.

Auf der ganzen Welt beten Menschen mit den Worten des Gloria-Hymnus – und das seit Jahrtausenden: Wir sind als Kirche über Kontinente hinweg und durch die Zeiten hindurch verbunden!

Anregungen zur Gestaltung

Ein festliches Orgelvorspiel kann die Feierlichkeit erhöhen.

Wenn das Gloria von Chor oder Schola gesungen wird, ist darauf zu achten, dass die Gemeinde sich bei anderen Gesängen im Eröffnungsteil beteiligen kann.

Messkompositionen beinhalten im Normalfall ein mehrstimmiges Gloria für Chor und ev. auch Instrumente. Bei mehrstimmigen Vertonungen, die mit „Et in terra pax" beginnen, singt der Priester (ggf. der Kantor oder ein Chormitglied) die Intonation „Gloria in excelsis Deo".

···

Das Gloria kann durch ein **Gloria-Lied** ersetzt werden, das möglichst nahe am liturgischen Text bleibt.

Es wird **nicht durch irgendein Loblied** ersetzt.

Gotteslob konkret

Lat. Gloria-Text (Choralmessen):
GL 105   *aus der Missa mundi, einfache Choralmesse, Wechselgesang K/A*
GL 109   *aus der Missa de Angelis, Wechselgesang K/A*
GL 114   *aus der Missa „Lux et origo", Wechselgesang K/A*

Dt. Gloria-Text:
GL 131   *Wechselgesang K/A*
GL 166   *Wechselgesang K/A*
GL 173   *dt. Text für K mit lat. Kv für A*
GL 724* *Wechselgesang K/A*

Sehr nahe am Text:
GL 168,2 Ehre Gott in der Höhe – *Wechselgesang K/A mit Gemeinde-Kv, kann mit Gloria-Kanon GL 168,1 kombiniert werden*
GL 169   Gloria, Ehre sei Gott – *Strophenlied mit Kv*
GL 713,2* *aus der St.-Pöltener-Messe, Wechselgesang K/A (mit gleichbleibenden Melodieteilen)*
GL 715,2* *aus der Messe von K.-B. Kropf, Wechselgesang K/A mit Gemeinde-Kv, Gitarrenakkorde*
GL 725* *Wechselgesang K/A mit Gemeinde-Kv*

Weitere Gloria-Lieder:
GL 167   Dir Gott im Himmel – *Lied*
GL 170   Allein Gott in der Höh – *Strophenlied*
GL 171   Preis und Ehre – *Lied*
GL 172   Gott in der Höh sei Preis und Ehr – *Lied*
GL 712,2* Ehre sei Gott in der Höhe – *Wechselgesang K/A mit Gemeinde-Kv*
GL 716,1* Gott in der Höh sei Ehr geweiht – *Strophenlied*
GL 727* Ehre sei dir, unserm Gott – *Strophenlied*

Tagesgebet

Mit dem Tagesgebet wird der Eröffnungsteil abgeschlossen. Es wird mit den Worten „Lasset uns beten" eingeleitet. Die lateinische Bezeichnung des Tagesgebets ist „collecta", übersetzt heißt das „Gesammeltes". Der Priester als Vorsteher des Gottesdienstes „sammelt" im Tagesgebet unsere stillen Gebete und fasst sie zusammen in den Worten, die er in unser aller Namen spricht. Wir beschließen das Tagesgebet mit unserer Bestätigung, mit dem „Amen".

> „Ziel und Aufgabe der Eröffnung ist es, dass die versammelten Gläubigen eine Gemeinschaft bilden und befähigt werden, in rechter Weise das Wort Gottes zu hören und würdig die Eucharistie zu feiern."
>
> (AEM 24)

Was geschieht?

Das Tagesgebet **spricht oder singt der Vorsteher** von seinem Sitz aus. Dabei stehen alle.

Nach der Einladung „Lasset uns beten" folgt eine **Stille**, in der sich alle darauf besinnen, dass sie vor Gottes Angesicht stehen und ihre Bitten vor ihn bringen dürfen. In dieser Stille betet jeder persönlich. Der Priester „sammelt" unser Gebet im Tagesgebet.

Für die **Sonn- und Feiertage und die Gedenktage der Heiligen** sieht das Messbuch **bestimmte Tagesgebete** vor. Für alle anderen Gottesdienste gibt es reiche Auswahlmöglichkeiten.

Wenn das Tagesgebet eine **Vergebungsbitte** enthält, kann diese im Bußritus entfallen.

Amen heißt übersetzt „Ja, so ist es!" oder „Ja, so sei es!" Unser Amen ist wie eine Unterschrift – jeder von uns ist gerufen, sein Leben so zu gestalten, dass sein Beten dadurch bestätigt wird.

Anregungen zur Gestaltung

Gotteslob konkret

Um die **Feierlichkeit** zu stufen, kann
• das Tagesgebet gesprochen werden
• die Gebetseinladung gesungen und
  das Tagesgebet gesprochen werden
• alles gesungen werden.

....

Bei **Kindermessen** kann das Tagesgebet an das Verständnis der Kinder
angepasst werden. Die ursprüngliche
Struktur und der wesentliche Inhalt
sollen dabei aber erkennbar bleiben.
(vgl. Direktorium für Kindermessen,
Nr. 51)

....

„Tagesgebete zur Auswahl" finden
sich im Messbuch auf den Seiten
305–320. Für „Messen zu bestimmten Feiern" finden sich die liturgischen Texte zur Auswahl ab Seite
959.

Warum nicht einmal ...
... sich vom Tagesgebet nicht über-
raschen lassen, sondern es mit dem
Vorsteher der Feier in der Vorbereitung bewusst anschauen und aus-
suchen?

Wortgottesdienst

Jetzt steht Gottes Wort im Mittelpunkt.

Der Wortgottesdienst hat nicht nur die Mitteilung von bestimmten Texten und Inhalten zum Ziel. Wir feiern Gottes Wort! Wir feiern, dass Gott durch sein Wort in unserer Mitte gegenwärtig ist. Wir feiern, dass er uns auch heute etwas zu sagen hat.

Wir wissen: In Jesus ist das Wort Fleisch geworden. Er ist es, durch den Gott in den biblischen Texten zu uns spricht.

Deshalb werden die Texte aus dem Alten und Neuen Testament nicht irgendwie nebenbei vorgetragen, sondern feierlich von einem besonders gestalteten und geschmückten Ort her, vom „Tisch des Wortes", dem Ambo.

„Gott hat in seiner Güte und Weisheit beschlossen, sich selbst zu offenbaren und das Geheimnis seines Willens kundzutun: dass die Menschen durch Christus, das fleischgewordene Wort, im Heiligen Geist Zugang zum Vater haben und teilhaftig werden der göttlichen Natur. In dieser Offenbarung redet der unsichtbare Gott aus überströmender Liebe die Menschen an wie Freunde und verkehrt mit ihnen, um sie in seine Gemeinschaft einzuladen und aufzunehmen."
(Zweites Vatikanisches Konzil, Dogmatische Konstitution über die göttliche Offenbarung
„Dei Verbum", Art. 2)

1. Lesung

In der sonntäglichen Eucharistiefeier und an Hochfesten sind vor
dem Evangelium zwei Lesungen
und der Antwortpsalm vorgesehen.

Die erste Lesung ist an den Sonntagen im Jahreskreis dem Alten
Testament entnommen. In der
Osterzeit hören wir an
dieser Stelle einen Ab-
schnitt aus der Apostel-
geschichte.

„Wenn in der Kirche die Heiligen Schriften gelesen werden, spricht Gott selbst zu
seinem Volk und verkündet
Christus, gegenwärtig in seinem Wort, das Evangelium.
Daher sind die Lesungen
des Wortes Gottes, die
ein höchst bedeutsames
Element der Liturgie sind,
von allen mit Ehrfurcht zu
hören." (GORM 29)

Die Auswahl der Lesung
aus dem Alten Testa-
ment ist auf das Evan-
gelium hingeordnet. So
wird deutlich: Gott hat
uns aus Liebe als sein
Abbild geschaffen. Er
sehnt sich nach der Gemeinschaft
mit seinem Volk und leitet es
durch die Zeit.

Was geschieht?

An **Sonntagen** und **Hochfesten** sind
vor dem Evangelium **zwei Lesungen**
vorgesehen, an **Wochentagen eine
Lesung**.

Die Schriftlesungen dürfen auf
keinen Fall durch nichtbiblische Ge-
schichten ersetzt werden.

Lesungen werden von **Lektoren** vorgetragen und nicht vom Vorsteher
der Feier. So wird deutlich, dass der
Priester wie jeder Christ auf das
Wort Gottes hört. Nur ein „Hören-
der" bleibt mit Christus verbunden
und kann so der Gemeinde in der
rechten Weise dienen.

Wo nach der Lesung ein **Zuruf** der
Gemeinde üblich ist, schließt der
Lektor die Lesung mit den Worten
„Wort des lebendigen Gottes".

Anregungen zur Gestaltung

Welche Schriftstellen für den jeweiligen Tag vorgesehen sind, ist im **Direktorium**, dem liturgischen Kalender jeder Diözese, nachzulesen.

Wenn es die pastorale Situation erfordert (z. B. bei einer Schulmesse mit Volksschülern), kann die Anzahl der Schriftstellen auf die Situation abgestimmt werden. Dabei ist wichtig: Eine Lesung aus den Evangelien ist auf jeden Fall dabei. (vgl. Direktorium für Kindermessen, Nr. 42)

Eine **kurze Einführung** in die Schriftstellen kann sinnvoll sein, um den Zusammenhang, in dem diese Texte in der Bibel stehen, zu erläutern oder im Vorhinein auf einen bestimmten Aspekt hellhörig zu machen.

An Festtagen kann die Lesung auch **kantilliert** werden, wenn Charakter und Textgestalt der Perikope diese Vortragsart nahelegen. Lesungstöne zum Singen (I–V) finden sich im Anhang III der Bände des Messlektionars.

Dieser Ruf und die **Antwort der Gemeinde** „Dank sei Gott" können auch gesungen werden.

Gotteslob konkret

Im Gottesdienst hören wir immer nur kleine Abschnitte aus der Bibel, kurze Texte aus dem Alten und aus dem Neuen Testament. Jeder biblische Text ist wie ein Mosaiksteinchen: Er erzählt etwas über Gott und sein Verhältnis zu den Menschen. Für sich alleine genommen ergibt er aber kein Gesamtbild. Deshalb hat sich in der Kirche eine Leseordnung für Sonntage und für Wochentage entwickelt.

1. Lesung

Die Leseordnung ist als „Menü" gedacht, dessen einzelne „Gänge" aufeinander abgestimmt sind. Wenn wir mit der Leseordnung umgehen wie mit einem „Buffet" und uns wahlweise daraus bedienen, gehen uns wichtige Aspekte der Vielfalt biblischer Texte verloren.

„In besonderer Weise ist dafür zu sorgen, dass die liturgischen Bücher, vor allem das Evangeliar und das Lektionar, die zur Verkündigung des Wortes Gottes bestimmt sind und denen deshalb eine besondere Verehrung gebührt, in der liturgischen Feier wirkliche Zeichen und Symbole übernatürlicher Dinge sind und darum wahrhaft würdig, prächtig und schön sein sollen."
(GORM 349)

Was geschieht?

Die **Lesungen an Wochentagen** sind **„Fortsetzungsgeschichten"**. Aus einem Buch der Bibel werden aufeinander folgende Textabschnitte (Perikopen) gelesen.

Alle Texte werden aus den dafür **vorgesehenen Büchern** gelesen.

Anregungen zur Gestaltung

Gotteslob konkret

Wo an Werktagen regelmäßig mit derselben Gemeinde gefeiert wird, ist die Verwendung der **fortlaufenden Schriftlesung** sinnvoll. Wird aber z. B. in einer Teilgemeinde nur an einem Wochentag eine heilige Messe gefeiert (oder auch eine Wort-Gottes-Feier), so kann aus den Texten der fortlaufenden Schriftlesung jener Wochentag **ausgewählt** werden, der am geeignetsten erscheint. Diese Auswahl trifft man nach dem geistlichen Gewinn der Gläubigen. (vgl. PEM, 78,82–84)

Wird mit einer speziellen Gruppe Eucharistie gefeiert, z. B. anlässlich eines Einkehrtags, können die Texte auch frei ausgesucht werden.

Kopierte Zettel sind gut für die Vorbereitung, aber ungeeignet in der Feier der Liturgie. In der Art und Weise, wie wir mit den liturgischen Büchern umgehen, wo wir sie ablegen und wie wir sie zum Ambo tragen, wird unsere Wertschätzung des Wortes Gottes auch für Menschen, die wenig Bezug zur Kirche haben, sichtbar.

Warum nicht einmal ...
... mit Jugendlichen eine Lesung mit verteilten Rollen oder als Rollenspiel vorbereiten? Wichtig dabei: den Text wenn nötig vereinfachen, dabei aber nichts dazu erfinden oder umdeuten.

Antwortpsalm

Der Antwortpsalm nach der ersten Lesung ist meistens dem biblischen Buch der Psalmen entnommen. Er ist ein wesentliches Element in der Liturgie des Wortes. Das griechische Wort „psalmoi" bedeutet „Lieder mit der Harfe".

„Der Ausdruck ‚Antwortpsalm' im Deutschen legt ein Missverständnis nahe: Sein Name kommt nicht daher, dass er eine betende Antwort auf die gehörte Lesung ist – das ist er zwar auch, aber erst in zweiter Linie –, sondern von der responsorialen (= antwortenden) Ausführungsweise: Der Psalmist trägt die einzelnen Strophen vor und die Gemeinde antwortet darauf jeweils mit dem Kehrvers." (Eduard Nagel)

Der Antwortpsalm ist „Wort Gottes" und Verkündigung. Abgestimmt auf die vorhergehende Lesung soll er das verkündete Wort weiterführen und vertiefen. Die Gemeinde kann das gehörte Wort meditieren und beim Wort Gottes verweilen. Im Kehrvers stimmt sie in das Gebet ein. Deshalb ist er „liturgisch und pastoral von großer Bedeutung" (PEM 19).

An einigen Tagen im Kirchenjahr können auch andere biblische Texte („Cantica", z. B. 1 Sam 2,1–8; Dtn 32,18–21; Lk 1,46–55) an dieser Stelle vorkommen.

Was geschieht?

Der Antwortpsalm wird vom **Ambo aus verkündet** – so wird seine Bedeutung als biblischer Text, als Wort Gottes, deutlich gemacht. Der Kantor kann auch als **Psalmist** dienen.

Der Kantor/Psalmist singt den Kehrvers vor, die Gemeinde wiederholt ihn. Nach jeder Versgruppe des Vorsängers stimmt die Gemeinde in den Kehrvers ein.

Anders als im Stundengebet wird beim Antwortpsalm am Ende der Verse **nicht „Ehre sei dem Vater ..."** angeschlossen.

Anregungen zur Gestaltung

Der vorgesehene Psalm ist im Lektionar nach der Lesung angegeben. Er kann gegebenenfalls auch aus den „Commune-Texten für den Antwortpsalm" (Lektionar, Anhang II) ausgewählt werden.

Als Antwortpsalm kann auch die textlich verkürzte, musikalisch umso reicher gestaltete Form des **Graduale** aus dem Schatz des gregorianischen Chorals gesungen werden.

Kann der Antwortpsalm nicht gesungen werden, können die **Psalmverse gesprochen werden**. Vielleicht kann der **Kehrvers trotzdem gesungen** werden.

Der Psalm kann auch ohne Unterbrechung vom Psalmisten verkündet werden, die Gemeinde wird dann nur am Beginn und am Ende mit dem Kehrvers eingebunden.

Damit die Gemeinde leichter einen Kehrvers zum Psalm singen kann, ist es gut, sich anfangs auf **wenige Kehrverse** zu beschränken und erst nach und nach neue einzuführen.

Gotteslob konkret

Beispiele für passende Kehrverse:

Geprägte Zeiten im Kirchenjahr

GL 229 Herr, erhebe dich – *für die Adventzeit*

GL 635,4 Heute erstrahlt – *für die Weihnachtszeit*

GL 31 Selig der Mensch, der seine Freude hat – *für die Fastenzeit*

GL 36 Auf dich haben unsere Väter vertraut – *für die Fastenzeit*

GL 174 Halleluja – *für die*
(u. a.) *Osterzeit, in der immer ein Halleluja-Ruf als Kv gewählt werden kann*

Im Jahreskreis mit einem Bittpsalm

GL 76,1 Der Herr ist nahe allen, die ihn rufen

GL 518 Beim Herrn ist Barmherzigkeit

GL 913,2* Erweise uns, Herr, deine Huld

Im Jahreskreis mit einem Lobpsalm

GL 376 Singt dem Herrn alle Länder der Erde

GL 312,4 Dem Herrn will ich singen

GL 869* Danket dem Herrn

Antwortpsalm

Was geschieht?

Der Antwortpsalm ist **auch dann vorgesehen**, wenn **es nur eine Lesung gibt**. (vgl. Anmerkungen unter „Ruf vor dem Evangelium")

Im Ausnahmefall kann der Antwortpsalm durch einen anderen dazu geeigneten Gesang, z. B. ein **Psalmlied**, ersetzt werden.

Am Beten der Psalmen hält die Kirche von Beginn an fest. Mit diesen Worten betet auch das jüdische Volk heute noch. Auch Jesus hat so gebetet.

2. Lesung

Die zweite Lesung ist an Sonntagen im Jahreskreis eine Stelle aus einem der neutestamentlichen Briefe. Diese Schriftlesung setzt sich von Sonntag zu Sonntag fort. Es wird also ein biblisches Buch fortlaufend gelesen, wenn auch mit Auslassungen.

„In den Lesungen werden den Gläubigen der Tisch des Wortes Gottes bereitet und die Schatzkammern der Bibel aufgetan."
(GORM 57, vgl. AEM 34)

Auch die zweite Lesung wird von einem **Lektor** und nicht vom Priester vorgetragen.

Anregungen zur Gestaltung

Gotteslob konkret

Die dritte Strophe des Eingangs-
liedes ist damit aber nicht gemeint!

Warum nicht einmal ...
... sich beim Vorbereiten des
Gottesdienstes mit dem Antwortpsalm auseinandersetzen? Die
Sprache der Psalmen ist voll von
starken Bildern, die es wert sind,
betrachtet zu werden.

Einige Beispiele für Psalmlieder:

GL 268 Erbarme dich, erbarm dich
mein – *zu Ps 51*

GL 277 Aus tiefer Not schrei ich zu
dir – *zu Ps 130*

GL 381 Dein Lob, Herr, ruft der
Himmel aus – *zu Ps 19*

GL 421 Mein Hirt ist Gott der Herr –
zu Ps 23

GL 423 Wer unterm Schutz des
Höchsten steht – *zu Ps 91*

GL 428 Herr, dir ist nichts verborgen –
zu Ps 139

GL 467 Erfreue dich, Himmel –
zu Ps 148

GL 551 Nun singt ein neues Lied
dem Herren – *zu Ps 98*

Eine vollständige Auflistung aller
Psalmlieder finden Sie am Ende des
Gotteslobes unter „Verzeichnis bibli-
scher Gesänge".

Die Hinweise zur 1. Lesung gelten
sinngemäß auch für die 2. Lesung.

Vielen neutestamentlichen Lesungen
ist als Einleitung das Wort „Brüder"
vorangestellt. An dieser Stelle kann
auch „Brüder und Schwestern" oder
auch **„Schwestern und Brüder"** gesagt werden. (vgl. Hinweis im Lektionar, ab dem Nachdruck von 1993)

*Gott spricht uns durch
sein Wort direkt und
persönlich an. Der Brief,
der verkündet wird, ist
auch an dich adressiert!*

Halleluja / Ruf vor dem Evangelium

Vor dem Evangelium singt man – außer in der Fastenzeit – das Halleluja. Für die Zeit zwischen Aschermittwoch und Ostern sind im Lektionar an dieser Stelle andere Zurufe an Christus vorgesehen.

Der hebräische Jubelruf „Halle-lu-jah" heißt übersetzt „Lobet Jahwe, den Herrn!" In der Liturgie blieb dieser Ruf durch die Jahrhunderte hindurch immer unübersetzt.

Die Akklamation des Halleluja stellt „eine eigenständige Handlung dar: Die Versammlung der Gläubigen empfängt und begrüßt den Herrn, der im Evangelium zu ihr sprechen wird, und bekennt singend ihren Glauben." (GORM 62)

Was geschieht?

Der **Halleluja-Ruf** wird vor der Verkündigung des Evangeliums gesungen.

In der Regel wird er vom Kantor oder einer Schola vorgesungen und von der Gemeinde wiederholt.

Der dazugehörige **Vers** wird vom Kantor oder einer Schola vorgetragen. Er ist aus dem folgenden Evangelium entnommen oder nimmt darauf Bezug. Anschließend wird der Halleluja-Ruf von der Gemeinde wiederholt.

Das Halleluja bzw. der Vers können entfallen, wenn sie nicht gesungen werden.

Anregungen zur Gestaltung

Ein passendes Vorspiel mit der Orgel oder anderen Instrumenten macht das Halleluja feierlich und hilft, es „jubelnd" zu singen.

Der Vers findet sich im Lektionar vor dem entsprechenden Evangelium.

Der Österreich-Teil des Gotteslobes bietet zwei Halleluja-Rufe mit vertonten Versen an, die immer anstelle des vorgesehenen Verses gesungen werden können.

Alternativen zum klassischen Wechselgesang:
- Halleluja-Kanon
- Halleluja-Lied

Gotteslob konkret

Halleluja-Rufe:
GL 174,1 *Taizé, mehrstimmig*
GL 174,2 *ostkirchliche Melodie, mehrstimmig*
GL 174,3–176,2 *mit Angabe der Tonart für den Vers*
GL 175,2 *besonders für die Osterzeit*
GL 175,6 *„irisches" Halleluja*
GL 244 *besonders für die Weihnachtszeit*
GL 584,8/643,1 *beide Rufe sind ident*
GL 733–735* *mit Gitarrenakkorden*
GL 737* *mit Gitarrenakkorden, mit Text im Halleluja-Ruf, besonders geeignet, wenn kein Vers gesungen wird*

GL 732* *mit Vers aus Joh-Ev, Halleluja kann auch als Kanon gesungen werden, mit Gitarrenakkorden*
GL 736* *mit Vers aus Apg 16,14*

Die Verse können auch mit anderen Rufen im selben Ton kombiniert werden.

Halleluja-Kanon:
GL 731* *Kanon, mit Gitarrenakkorden*
GL 732* *Kanon, mit Gitarrenakkorden und Vers aus Joh-Ev*

Halleluja-Lied:
GL 483 *Halleluja. Ihr seid das Volk – Kv als Halleluja-Ruf; als Vers können passend eine oder mehrere Strophen ausgewählt werden*
GL 862* *Hallelu, Hallelu, Hallelu, Halleluja – besonders für Gottesdienste mit Kindern*

Ruf vor dem Evangelium

Nachdem wir ab dem Aschermittwoch das Halleluja „gefastet" haben, singen wir es in der Osternacht mit besonderem Jubel von neuem. Dieser Jubel begleitet uns durch die ganze Osterzeit und bleibt nicht auf den Ruf vor dem Evangelium beschränkt.

Was geschieht?

In der **Fastenzeit** wird der Halleluja-Ruf durch einen **anderen Ruf** ersetzt.

Findet eine **Evangelienprozession** statt, wird der Ruf vor dem Evangelium parallel dazu gesungen. Das Evangeliar wird mit Kerzen und Weihrauch begleitet.

Das Halleluja kann **nach der Verkündigung des Evangeliums** von der Gemeinde **wiederholt** werden.

An **Wochentagen**, an denen es vor dem Evangelium nur **eine Lesung** gibt, gilt Folgendes:
- An Tagen, an denen das Halleluja zu singen ist, kann man den Antwortpsalm und das Halleluja singen oder einen Psalm, der das Halleluja enthält.
- In der Zeit, in der das Halleluja nicht zu singen ist, kann der Antwortpsalm und der Ruf vor dem Evangelium genommen werden oder nur der Psalm. (vgl. GORM 63)

Anregungen zur Gestaltung

Beispiele für solche Christusrufe finden sich im Lektionar bei den entsprechenden Evangelien und im Gotteslob.

Damit der **Ambo als Ziel der Evangelienprozession** frei ist, soll das Halleluja von dem Platz gesungen werden, von dem der Kantor auch andere Gesänge anstimmt.

Für die **Prozession** soll ein passender Weg gewählt werden, nicht unbedingt der kürzeste.

Das bietet sich besonders für die **Osterzeit** oder zu anderen Festanlässen an.

Das ist immer der Fall, wenn ein Halleluja-Ruf als Kehrvers für den Psalm vorgesehen ist oder gewählt werden kann (Osterzeit).

Außerdem enthalten einige Kehrverse ein Halleluja.

Gotteslob konkret

In der Fastenzeit:

GL 176,3 Herr Jesus, dir sei Ruhm und Ehre

GL 176,4 Ruhm und Preis und Ehre sei dir

GL 176,5/584,9 Lob dir, Christus, König und Erlöser – *unterschiedliche Melodien*

GL 560,1 Christus Sieger, Christus König, Christus Herr in Ewigkeit

GL 644,6 Christus gestern, Christus heute, Christus in Ewigkeit

GL 883* Wie wunderbar, o Herr

Im Österreich-Teil finden sich weitere Rufe unter GL 745*–749*

> **Warum nicht einmal ...**
> ... mit allen Kindern eine „erweiterte" Evangelienprozession machen? Ein Ministrant geht mit dem Weihrauchfass voraus. Die Kinder tragen brennende Kerzen, stehen während der Verkündigung des Evangeliums rund um den Ambo und stecken die Kerzen anschließend vor dem Ambo in eine Sandschale.

z. B.:

GL 454 Geht in alle Welt, Halleluja

GL 631,1 Singt, ihr Christen ...

GL 631,2 Auf, werde licht, ...

Ruf vor dem Evangelium

Was geschieht?

Am Oster- und Pfingstsonntag wird vor dem Halleluja die **Sequenz** gesungen.

> Die Sequenz (lat. sequi, folgen) ist ein Gesang, der im Mittelalter aus dem Halleluja erwachsen ist. Dabei wurde die Melodie über dem letzten „a" des Halleluja mit einem hymnischen Text unterlegt, der Bezug auf das Festgeheimnis nimmt. Heute wird die Sequenz nach der (zweiten) Lesung vor dem Halleluja gesungen.

Evangelium

Evangelium heißt übersetzt gute Nachricht oder Frohe Botschaft. Der Höhepunkt des Wortgottesdienstes ist die Verkündigung des **Evangeliums**.

In Christus sind wir erlöst und Ihm, dem Auferstandenen, begegnen wir im Evangelium! Deshalb stehen wir. So drücken wir auch unsere Bereitschaft aus, das Wort nicht nur zu hören, sondern auch danach zu handeln.

„Die Verkündigung des Evangeliums bildet den Höhepunkt der Liturgie des Wortes. Dass sie mit höchster Ehrerbietung erfolgen muss, lehrt die Liturgie selbst, da sie die Verkündigung des Evangeliums gegenüber den anderen Lesungen besonders auszeichnet." (GORM 60)

Das Evangelium wird vom **Diakon verkündet**. Ist kein Diakon da, verkündet es der Priester. Feiern mehrere Priester mit, dann wird das Evangelium nicht vom Vorsteher der Feier verkündet.

Wird **Weihrauch** verwendet, so wird das **Evangeliar** (oder das Lektionar) vor der Verkündigung des Evangeliums inzensiert.

Bietet die Leseordnung die Wahl zwischen zwei Texten oder ist eine Kurzfassung des Evangeliums angegeben, orientiert sich die Entscheidung am **geistlichen Gewinn der Gläubigen**.

Anregungen zur Gestaltung

Die Sequenzen „Lauda Sion" (Fronleichnam) und „Stabat Mater" (Gedenktag der Schmerzen Mariens) können verwendet werden, sind aber nicht verbindlich vorgesehen. Das „Dies irae" hat sich im Stundengebet (Allerseelen) erhalten.

Gottteslob konkret

Ostersequenz lateinischer Text:

GL 320   Victimae paschali – *dt. Text findet sich unterhalb des lateinischen. Leider wurde er nicht auf die Noten verteilt. Zum Singen eingerichtet findet sich der dt. Text nur im alten GL 216 (auf dieselbe Melodie wie der lat. Text)*

Pfingstsequenz:

GL 343   Veni Sancte Spiritus – *lateinischer Text*

GL 344   Komm herab, o Heilger Geist – *deutscher Text, andere Melodie als GL 343*

GL 847* Komm herab, o Heil'ger Geist – *Übertragung ins Deutsche, mit Gitarrenakkorden*

Gestuft nach der Feierlichkeit einer heiligen Messe kann das Evangelium inklusive Einleitung und Abschluss gesungen werden oder aber auch nur Einleitung und Abschluss.

Wir bezeichnen vor dem Evangelium Stirn, Mund und Brust mit dem kleinen Kreuzzeichen und antworten dabei auf die Ankündigung „Aus dem heiligen Evangelium nach ..." mit den Worten „Ehre sei dir, o Herr!" Damit drücken wir aus: Ich will die frohe Botschaft weitererzählen und sie im Herzen tragen, sodass mein Leben Zeugnis davon gibt, was Jesus an mir getan hat.

Homilie

Unter dem Begriff Homilie versteht man die Auslegung der Schriftlesungen oder liturgischen Texte des Tages in der heiligen Messe durch den Priester oder Diakon.

Oft wird das Wort Homilie mit „Ansprache" oder „Predigt" übersetzt. Der altchristliche Begriff Homilie aber betont noch stärker den besonderen Charakter: Die Homilie soll inhaltlich aus der liturgischen Feier herauswachsen und tiefer in sie hineinführen. Sie soll die biblischen Texte auslegen und helfen, uns dem Geheimnis unseres Glaubens anzunähern.

Die Homilie „ist notwendig, um das christliche Leben zu nähren. Sie soll einen Gesichtspunkt aus den Lesungen der Heiligen Schrift oder aus einem anderen Text des Ordinariums oder des Propriums der Tagesmesse darlegen – unter Berücksichtigung des Mysteriums, das gefeiert wird, und der besonderen Erfordernisse der Hörer."
(GORM 65, vgl. AEM 41)

Was geschieht?

Die Homilie ist **Sache des Priesters oder Diakons**.

Die Homilie darf in **Sonn- und Feiertagsmessen** nicht (ohne schwerwiegenden Grund) ausfallen und wird darüber hinaus auch für die Wochentage, insbesondere im Advent, der Fasten- und Osterzeit empfohlen. (vgl. AEM 42)

Nach der Homilie geht der Priester zu seinem Sitz.

Warum nicht einmal ...
... die Homilie mit Menschen aus der Gemeinde vorbereiten?

Anregungen zur Gestaltung

Sie gemeinsam mit Menschen aus der Gemeinde vorzubereiten, kann aber eine große Hilfe sein!

Es empfiehlt sich, dann eine kurze Stille zu halten, damit jede und jeder darüber nachdenken kann, was das Gehörte für das eigene Leben bedeutet.

Gotteslob konkret

Was bedeutet das, was wir hier hören und beten, für mich persönlich, für mein Leben? Die Homilie hilft uns, Aspekte davon besser zu verstehen, damit wir auch im Alltag glaubwürdige Zeugen der frohen und froh machenden Botschaft sein können.

Warum nicht einmal ...
... einen Liedtext als roten Faden der Predigt wählen (Liedpredigt)? Das ist auch eine gute Möglichkeit, ein neues Lied in der Gemeinde vorzustellen.

Credo/Glaubens-bekenntnis

Das Glaubensbekenntnis wird von allen gemeinsam gesprochen oder gesungen.

Ursprünglich bekannten sich mit diesen Worten Erwachsene, die die Taufe empfangen wollten, zum Glauben an den dreifaltigen Gott.

Heute drücken wir mit diesen Worten unsere Zustimmung und Antwort auf Gottes Wort aus, das uns in den biblischen Texten verkündet und in der Homilie auf unser Leben hin erschlossen worden ist. Wir rufen uns die wesentlichen Glaubenswahr-heiten bekennend in Erinnerung, bevor die Mahlfeier beginnt.

Was geschieht?

Das Glaubensbekenntnis wird **an Sonntagen und Hochfesten** ge-sprochen, außerdem kann es bei an-deren **festlichen Gottesdiensten** eingefügt werden.

Es gibt **zwei offiziell anerkannte Texte** für das Glaubensbekenntnis:

- Das **Große Glaubensbekenntnis** (nizänisch-konstantinopolitanisches Glaubensbekenntnis, GL 586,2), das uns mit allen Christen verbindet. Es steht im Messbuch an erster Stelle! In diesem Text wird die Taufe angesprochen.
- Das **Apostolische Glaubens-bekenntnis** (GL 3,4), das im deutschsprachigen Raum bevorzugt verwendet wird.

Zu **Weihnachten** und zum Hochfest **Verkündigung des Herrn** (25. März) wird der zum Festinhalt passende Teil des Glaubensbekenntnisses durch Verneigen oder Hinknien her-vorgehoben. (vgl. MB II, S. 36 u. a.)

Warum nicht einmal ...
... die Tradition einführen, dass bei Hochfesten das Große Glaubensbe-kenntnis gesprochen wird? Der Text findet sich im Gotteslob. Die Nummer kann auf der Liedanzeige einge-blendet oder aufgesteckt werden.

Anregungen zur Gestaltung

Das Credo in der Messfeier hat neben der bekennenden Funktion auch eine hymnische, es kann also **gesungen** werden, z. B. im Wechsel von Kantor/Schola und Gemeinde.

Ist bei einem **Festgottesdienst** ein **Taufgedächtnis** vorgesehen, eignet sich ein **gesungenes Glaubensbekenntnis** auch als Begleitgesang zum Besprengen der Gemeinde.

Das Besprengen sollte dabei ungefähr so lange dauern wie der Gesang. Das Credo kommt dann nach der Predigt nicht mehr vor.

- Bei Verwendung des Großen Glaubensbekenntnisses: „hat Fleisch angenommen … und ist Mensch geworden"
- Bei Verwendung des Apostolischen Glaubensbekenntnisses: „empfangen durch den Heiligen Geist, geboren von der Jungfrau Maria"

Manchmal kann auch ein Credo-Lied gesungen werden.

Gotteslob konkret

Großes Glaubensbekenntnis:

GL 122 Credo in unum Deum – *lat. Choral, Wechselgesang K/A*

GL 180 Wir glauben an den einen Gott – *dt. Text für K mit lat. Gemeinde-Kv, mit Gitarrenakkorden*

GL 750* Wir glauben an den einen Gott – *dt. Text für K mit dt. Gemeinde-Kv*

Apostolisches Glaubensbekenntnis:

GL 177 Ich glaube an Gott – *dt. Text für K mit lat. Gemeinde-Kv, mit Gitarrenakkorden*

GL 178 Ich glaube an Gott – *dt. Text für K mit Amen-Akklamation für die Gemeinde, mit Gitarrenakkorden*

GL 179 Ich glaube an Gott – *dt. Text, Wechselgesang K/A*

Credo-Lied:

GL 355 Wir glauben Gott im höchsten Thron

Jeden Sonntag bekennen wir, dass wir durch die Taufe mit Christus begraben und auferstanden sind und dass uns durch Ihn neues Leben und Gemeinschaft mit Gott geschenkt ist.

Das Große Glaubensbekenntnis

Wir glauben an den einen Gott, den Vater, den Allmächtigen,
der alles geschaffen hat, Himmel und Erde,
die sichtbare und die unsichtbare Welt.
Und an den einen Herrn Jesus Christus, Gottes eingeborenen Sohn,
aus dem Vater geboren vor aller Zeit:
Gott von Gott, Licht vom Licht, wahrer Gott vom wahren Gott,
gezeugt, nicht geschaffen, eines Wesens mit dem Vater;
durch ihn ist alles geschaffen.
Für uns Menschen und zu unserem Heil ist er vom Himmel gekommen,
hat Fleisch angenommen durch den Heiligen Geist von der Jungfrau Mar
und ist Mensch geworden.
Er wurde für uns gekreuzigt unter Pontius Pilatus,
hat gelitten und ist begraben worden,
ist am dritten Tage auferstanden nach der Schrift
und aufgefahren in den Himmel.
Er sitzt zur Rechten des Vaters und wird wiederkommen in Herrlichkeit,
zu richten die Lebenden und die Toten;
seiner Herrschaft wird kein Ende sein.
Wir glauben an den Heiligen Geist,
der Herr ist und lebendig macht,
der aus dem Vater und dem Sohn hervorgeht,
der mit dem Vater und dem Sohn angebetet und verherrlicht wird,
der gesprochen hat durch die Propheten,
und die eine, heilige, katholische und apostolische Kirche.
Wir bekennen die eine Taufe zur Vergebung der Sünden.
Wir erwarten die Auferstehung der Toten
und das Leben der kommenden Welt.
Amen.

(Nizänisch-konstantinopolitanisches Glaubensbekenntnis, GL 586,2)

Fürbitten / Allgemeines Gebet

In den Fürbitten nehmen alle Getauften den Auftrag des gemeinsamen Priestertums wahr: einzutreten für das Heil der ganzen Welt.

Schon der 1. Timotheusbrief spricht von der Aufgabe der Gemeinde: *„Vor allem fordere ich zu Bitten und Gebeten, zu Fürbitte und Danksagung auf; und zwar für alle Menschen, für die Herrscher und für alle, die Macht ausüben, damit wir in aller Frömmigkeit und Rechtschaffenheit ungestört und ruhig leben können."* (1 Tim 2,1f)

„Das Gläubigengebet will weder Gott vorschreiben, was er zu tun hat, noch will es die Beter vom tätigen Einsatz gegen die Nöte in der Welt dispensieren, es ist vielmehr solidarisches Beten und Rufen mit den Leidenden." (Rupert Berger)

Die Fürbitten werden auch als „Allgemeines Gebet" oder „Gebet der Gläubigen" bezeichnet. Wir alle beten. Und wir beten nicht für uns selbst, sondern vor allem für andere.

Was geschieht?

Die **Fürbitten** werden von einem geeigneten Ort aus vorgetragen. Der Ambo ist dafür nicht der erste Ort, da dieser in erster Linie für die Schriftverkündigung gedacht ist.

Folgende **Themenbereiche** sind vorgesehen: Bitten für die Anliegen der Weltkirche und der Ortsgemeinde, für die Regierenden und das Heil der ganzen Welt, für die von Schwierigkeit Bedrückten, für die örtliche Gemeinschaft (vgl. GORM 70). Weitere Themen sind im Anlassfall möglich.

Aufgabe des Priesters ist es, am Beginn der Fürbitten die Gläubigen zum Gebet **aufzufordern** und das Gebet **abzuschließen**. Er tut dies von seinem Sitz aus.

Die einzelnen Anliegen können vom **Diakon oder Lektor** vorgetragen werden.

Die Gemeinde antwortet mit einem **gemeinsamen Ruf** oder hält eine **kurze Stille** zwischen den Anliegen.

Anregungen zur Gestaltung

Wenn die Bitten aus der Gemeinde kommen – z. B. aus dem Mittelgang oder den Bankreihen –, wird besser deutlich, dass wir unsere Bitten als versammelte Gemeinde vor Gott bringen.

Bei besonderen Feiern wie Firmung, Trauung, Begräbnis usw. kann die Reihe der Anliegen stärker den besonderen Anlass berücksichtigen.

Dabei kann auch jede Fürbitte aufgeteilt werden: Der Diakon nennt die Intention und lädt so zum Gebet ein. Nach einer kurzen Stille konkretisiert der Lektor das Anliegen in einer Bitte.

Vor allem bei der Messfeier in **kleinen Gruppen** müssen Fürbitten nicht vorher ausformuliert werden, sie können auch **frei und spontan** von den Mitfeiernden kommen.

Fürbitten können auch ähnlich einer **Litanei** gestaltet werden und somit zur Gänze gesungen werden.

Die **Antwort der Gemeinde** kann als Ruf gesungen werden, der schon vor der ersten Fürbitte zum ersten Mal angestimmt wird.

Gotteslob konkret

Beispielfürbitten finden Sie unter GL 586,3–6

Warum nicht einmal ...
... während der Woche ein Fürbittbuch in der Kirche auflegen oder eine schöne Schachtel, in der Menschen ihre Gebetsanliegen deponieren können? Diese Anliegen werden rechtzeitig vor dem Gottesdienst von einem Gemeindemitglied geholt und in geeigneter Weise bei den Fürbitten eingebracht.

Fürbittrufe:
GL 92   Herr, bleibe bei uns, Halleluja – *mehrstimmig, besonders für die Osterzeit*
GL 181,1 K: Lasset zum Herrn uns beten: A: Herr, erbarme dich ... – *Geteilter Ruf für K/A, mehrstimmig*

Was geschieht?

Fürbitten /
Allgemeines
Gebet

Als Christen haben wir eine Verantwortung für die Welt, nicht nur für unsere Familie und unsere Gemeinde. Wir achten nicht nur auf unsere eigenen Sorgen, sondern wir bemühen uns, offene Augen, offene Ohren und ein offenes Herz für die Nöte aller Menschen zu haben.

Anregungen zur Gestaltung

Auch wenn die Antwort gesprochen wird, gibt es eine große Variationsmöglichkeit. Es muss nicht immer „Wir bitten dich, erhöre uns" sein.

Eine **kurze Stille** zwischen der Nennung des Gebetsanliegens und dem gemeinsamen Ruf zu Gott unterstützt das persönliche Beten.

Mancher Not können wir selber abhelfen, vielem aber stehen wir ohnmächtig gegenüber. Ohnmächtig, aber nicht hilflos, denn: „Unsere Hilfe ist im Namen des Herrn, der Himmel und Erde erschaffen hat."

Fürbitten können mit **Zeichenhandlungen** begleitet werden, z. B. mit Auflegen von Weihrauchkörnern auf glühende Kohlen, Kerzen anzünden u. a.

Gotteslob konkret

GL 182   Du sei bei uns in unsrer Mitte – *2 Varianten, mit Gitarrenakkorden*

GL 619,5 Kyrie, eleison – *ostkirchliche Melodie, kann mit K/A gesungen werden, mehrstimmig*

GL 632,1 Erhöre uns, Herr, erhöre uns – *mehrstimmig*

GL 755* Höre uns, wir rufen dich – *mit Gitarrenakkorden*

Fürbittrufe, an Christus gerichtet:

GL 181,3 Erhöre uns, Christus – *gregorianischer Ruf*

GL 586,5 Christus, höre uns – *K/A*

GL 634,6 Komm, Herr Jesus, Maranatha – *adventlicher Fürbittruf*

GL 754* Lasset uns beten: Du Retter der Welt – *mehrere Textvarianten, geteilter Ruf für K/A, mehrstimmig*

GL 756* Christus, höre uns – *Ruf für K/A, mit Gitarrenakkorden*

Im Österreich-Teil finden sich weitere Rufe unter GL 751*–759*.

Wenn Weihrauch verwendet wird:

GL 97   Wie Weihrauch steige mein Gebet – *Kehrvers endet mit mehrstimmigem Halleluja, das in der österl. Bußzeit entfällt*

GL 98   Herr, mein Beten steige zu dir auf – *mehrstimmig, besonders für Gottesdienste am Abend geeignet*

GL 992,2* Wie Weihrauch steige mein Gebet – *wie GL 97, enthält aber einen alternativen Schluss für die österl. Bußzeit*

Eucharistiefeier

Was wir im zweiten Hauptteil der heiligen Messe feiern, hat seinen Ursprung in dem, was uns von Jesu letztem Abendmahl überliefert ist: Er nahm das Brot und den Kelch, sprach den Lobpreis, brach das Brot und reichte beides seinen Jüngern mit den Worten: „Nehmt, esst und trinkt, das ist mein Leib, das ist der Kelch meines Blutes. Tut dies zu meinem Gedächtnis." Am Abend vor seinem Tod am Kreuz nahm Jesus die freie Hingabe seines Lebens vorweg.

Wenn wir Eucharistie feiern, sind wir in dieses Geschehen mit hineingenommen. Gott handelt JETZT und HIER in Christus an uns. Das Gabengebet vom Gründonnerstag drückt diesen Gedanken besonders deutlich aus: „Sooft wir dieses Geheimnis feiern, vollzieht sich an uns das Werk der Erlösung."

In den Zeichen von Brot und Wein bringen wir unser Leben vor Gott.

Wir lobpreisen ihn und sagen ihm Dank. Gott wandelt.

Wir empfangen den Leib und das Blut Christi. Durch Christus gestärkt, können wir unser Leben aus Gottes Kraft gestalten.

„So richtet die Kirche ihre ganze Sorge darauf, dass die Christen [...] Gott danksagen und die unbefleckte Opfergabe darbringen nicht nur durch die Hände des Priesters, sondern auch gemeinsam mit ihm und dadurch sich selber darbringen lernen. So sollen sie durch Christus, den Mittler, von Tag zu Tag zu immer vollerer Einheit mit Gott und untereinander gelangen, damit schließlich Gott alles in allem sei."
(Zweites Vatikanisches Konzil, Konstitution über die heilige Liturgie „Sacrosanctum Concilium", Art. 48)

Gabenbereitung

Zur Gabenbereitung bringen wir Brot und Wein zum Altar, um sie gewandelt als Leib und Blut Christi wieder zu empfangen. Brot ist ein Grundnahrungsmittel, ein Zeichen für unseren Alltag, Wein ein Zeichen für die Freude am Leben.

In diesen Zeichen, in Brot und Wein, bringen wir unser Leben vor Gott. In vielen Liedern kommt das zum Ausdruck, z. B. wenn wir singen: *„Herr, wir bringen in Brot und Wein unsere Welt zu dir …"* (GL 184) oder *„Mich selbst, o Herr, mein Tun und Denken und Leid und Freude weih ich dir. Herr, nimm durch deines Sohnes Opfer dies Herzensopfer auch von mir."* (GL 711,4*)

Unser Opfer, unsere Hingabe werden hineingenommen in das Opfer Jesu: unser tägliches Bemühen, Frieden zu bringen und versöhnende, geschwisterliche Liebe zu leben. Jesu Lebenshingabe ist die Quelle für unsere Hingabe. Wir bitten darum, selbst immer mehr zum Leben und zum Heil gewandelt zu werden.

„Gepriesen bist du, Herr, unser Gott, Schöpfer der Welt. Du schenkst uns das Brot, die Frucht der Erde und der menschlichen Arbeit. Wir bringen dieses Brot vor dein Angesicht, damit es uns das Brot des Lebens werde."

„Gepriesen bist du, Herr, unser Gott, Schöpfer der Welt. Du schenkst uns den Wein, die Frucht des Weinstocks und der menschlichen Arbeit. Wir bringen diesen Kelch vor dein Angesicht, damit er uns der Kelch des Heiles werde."

(Begleitgebete zur Gabenbereitung, MB II, S. 344f)

Was geschieht?

Auf dem Altar liegt bis zur Gabenbereitung nur das „Tischtuch". Alles andere wird erst jetzt gebracht: **Brot und Wein** werden durch die Versammlung hindurch zum Altar getragen. Die liturgischen Gefäße (außer der Schale, in der die Hostien gebracht werden) und Tücher sowie das Messbuch bringen die Ministranten.

Gleichzeitig wird die **Kollekte** eingesammelt. Unsere Hingabe an Gott drückt sich auch in der Zuwendung zum Nächsten aus, daher wird jetzt in den Anliegen von Kirche und Welt Geld gesammelt.

Das **Herbeibringen und die Bereitung der Gaben** können von einem **geeigneten Gesang** oder von Instrumentalmusik begleitet werden. Der Gesang/die Musik endet vor dem Gabengebet, wenn die Darbringung der Gaben und die Bereitung des Altares abgeschlossen sind.

Warum nicht einmal …

… den Altar ganz bewusst erst jetzt schmücken und richten? Wir bringen ein Altartuch und breiten es aus, stellen Kerzen neben den Altar und zünden sie an, bringen erst jetzt das Gesteck, das vor dem Altar steht – und dann wie gewohnt die Gaben und die liturgischen Gefäße und Tücher. So wird der neue Abschnitt in der Messfeier deutlich erlebbar. Die Handlung verlagert sich vom Tisch des Wortes zum Tisch des Brotes.

Anregungen zur Gestaltung

Vertreter der Gemeinde können Brot und Wein für die Eucharistie und andere Gaben, die für Arme und Bedürftige bestimmt sind, zum Altar bringen. So wird sichtbar und erfahrbar: Die Gaben kommen aus der Gemeinde heraus, der Gabengang ist Ausdruck tätiger Teilnahme an der Feier.

Das Einsammeln der Kollekte soll vor dem Gabengebet abgeschlossen sein.

Musikalische Möglichkeiten zur Gabenbereitung:
- Lieder und Wechselgesänge
- Psalmengesang
- Gregorianisches Offertorium
- Sololied, -motette, -kantate
- Offertorien
- Instrumentalmusik (Orgel, Kirchensonate)

Ausführung:
- Gemeindegesang
- Gemeinde und Chor im Wechsel
- Strophen durch den Chor, Gemeinde stimmt in den Kehrvers ein
- Gemeinde und Chor mehrstimmig
- Chorgesang

Themen für die Liedauswahl:
- Bezug zur Gabenbereitung
- Bezug zur Kirchenjahreszeit oder Festanlass

Musik an dieser Stelle muss aber nicht sein – hier ist auch eine **Möglichkeit für „heiliges Schweigen"**.

Gotteslob konkret

Der Priester hebt beim Gabengebet Brot und Wein zwischen Himmel und Erde: Als Frucht der Erde sind sie Gottesgabe und doch gleichzeitig auch Produkt unserer Arbeit. In diesen Zeichen bringen wir unser Leben vor Gott.

Lieder:

GL 183 Dir Vater, Lobpreis werde

GL 185 Du hast, o Herr, dein Leben – *neuer Text (früher: O Gott, nimm an die Gaben)*

GL 186 Was uns die Erde Gutes spendet – *Strophenlied*

GL 187 Wir weihn der Erde Gaben – *Strophenlied*

GL 188 Nimm, o Gott, die Gaben – *Strophenlied, neuer Text (früher: Nimm, o Herr, die Gaben), mit Gitarrenakkorden*

GL 763* Wir bringen gläubig Wein und Brot – *Strophenlied*

GL 765* Wir bringen unsre Gaben – *Strophenlied, mit Gitarrenakkorden*

GL 766* Wenn wir unsre Gaben bringen – *Strophenlied, mit Gitarrenakkorden*

Gabenbereitung

Was wir heute Gabenbereitung nennen, wurde früher „Opferung" (lat. Offertorium) genannt. Dieser Begriff wird heute nicht mehr verwendet, damit dieser Teil der Messfeier nicht verwechselt wird mit dem Opfer, das die Eucharistiefeier als Ganzes ist.

Was geschieht?

Wird **Weihrauch** verwendet, so inzensiert der Priester die Gaben nach der Bereitung, dann das Kreuz und den Altar selbst. Anschließend werden der Priester und die ganze Gemeinde inzensiert.

Die darauf folgende **Händewaschung** des Priesters ist ein Zeichen für die innere Bereitung und Reinigung.

Wird zur Gabenbereitung nicht gesungen oder musiziert, kann der Priester die **Begleitgebete laut** vortragen. Die Gemeinde antwortet mit: „Gepriesen bist du in Ewigkeit, Herr, unser Gott."

Mit dem **Gabengebet** wird die Gabenbereitung abgeschlossen und zum Hochgebet übergeleitet. Der Priester spricht es in unser aller Namen. Wir antworten mit „Amen" und drücken so unsere Zustimmung aus.

Das Messbuch kennt **drei verschiedene Formen der Einladung zum Gabengebet**. (MB II, S. 346f)

Für die **Sonn- und Festtage** gibt es **eigene Gabengebete**. Zusätzlich gibt es Gabengebete zur Auswahl.

Anregungen zur Gestaltung

Gotteslob konkret

Gesänge mit Kehrvers:

GL 184 Herr, wir bringen in Brot und Wein – *mit Gitarrenakkorden*

GL 442 Wo die Güte und die Liebe wohnt – *traditionell am Gründonnerstag als Gesang zur Gabenbereitung, für K/A*

GL 760* Nimm an die Gaben, die wir dir bringen – *für K/A, mit Gitarrenakkorden*

GL 762* Wir bringen dir, o Vater – *Neuvertonung der Strophen von GL 184, kann mit K/A gesungen werden*

GL 764* Schau auf unsre Gaben – *mit Gitarrenakkorden*

Passende Psalmverse für Kantor oder Schola aus Ps 111 (GL 60,2), Ps 117 (GL 65,2), Ps 122 (GL 68,2), Ps 145 (GL 76,2)

Psalmengesang für K/A:

GL 189 Siehe, wir kommen – *Kv, dazwischen können Psalmverse von K oder Schola gesungen werden.*

Akklamationsrufe zu den Begleitgebeten der Gabenbereitung können auch gesungen werden. Der Ruf kann auch vor den Begleitgebeten schon einmal angestimmt werden.

Akklamation zu den Begleitgebeten:

GL 184 Herr, wir bringen in Brot und Wein (nur Kv)

GL 189 Siehe, wir kommen (Kv)

GL 761* Gepriesen bist du, Herr (Kv)

Das Gabengebet kann wie alle Amtsgebete vom Priester gesungen werden. Es kann aber auch nur die Gebetseinladung gesungen und das Gabengebet dann gesprochen werden.

Je nach Kirchenjahreszeit oder Festanlass eignen sich zur Gabenbereitung auch andere Gesänge.

„Gabengebete zur Auswahl" finden sich im Messbuch auf den Seiten 348–351. Für „Messen zu bestimmten Feiern" finden sich die liturgischen Texte zur Auswahl ab Seite 959.

Eucharistisches Hochgebet

> „Das Hochgebet greift die Gabenbereitung auf und hat seine Fortführung im Brotbrechen und in der Austeilung der Gaben in der Kommunion. Diese Handlungen sind zuinnerst miteinander verbunden."
>
> (Hans Stockhammer)

Das Hochgebet ist das große Lob- und Dankgebet der Kirche.
Es beginnt mit dem Einleitungsdialog *„Der Herr sei mit euch ..."* und wird mit dem *„Amen"* abgeschlossen, in das die ganze Gemeinde einstimmt. Den Gedankengang der Hochgebete kann man vereinfacht so zusammenfassen:

1. Wir sagen Gott, dem Allmächtigen, Dank und preisen ihn für seinen Sohn Jesus Christus, weil
   - er durch Ihn die Welt erschaffen hat,
   - sein Sohn für uns Mensch geworden ist,
   - Jesus für uns gelitten hat, gestorben ist und vom Tod erstand,
   - Jesus uns die Eucharistiefeier gestiftet hat.
2. Darum haben wir unsere Gaben gebracht und
3. bitten ihn, dass
   - uns die Gaben von Brot und Wein zu Leib und Blut Christi werden durch den Heiligen Geist,
   - er uns mit seinem Geist erfülle, wenn wir von den geheiligten Gaben empfangen, und
   - er uns in Einheit und Gemeinschaft mit Jesus Christus und untereinander verbinde,
4. auf dass wir ihn loben und preisen durch seinen Sohn Jesus Christus!

Was geschieht?

Dreizehn verschiedene Hochgebete stehen zur Auswahl. In der Messvorbereitung soll immer auch überlegt werden, welches davon gebetet wird.

Neben den vier Hochgebeten, die in jedem Messbuch zu finden sind, gibt es
- **Drei** Hochgebete für die Eucharistiefeier mit **Kindern**
  a. Gott, unser Vater
  b. Du liebst uns
  c. Wir danken dir, Gott
- Ein Votivhochgebet **„Versöhnung"**,
- Ein Hochgebet, das **gehörlosen Menschen** gerecht wird,
- Sowie **vier Variationen** des Hochgebetes für Messen in besonderen Anliegen, in denen das **Motiv des Unterwegs-Seins** entfaltet wird:
  a. Die Kirche auf dem Weg zur Einheit
  b. Gott führt die Kirche
  c. Jesus, unser Weg
  d. Jesus, der Bruder aller

Die liturgischen Bücher sehen als **Gebetshaltung der ganzen Gemeinde** das **Stehen** vor bzw. wo es Brauch ist auch das **Knien**.

Anregungen zur Gestaltung

Für einige dieser Hochgebete gibt es eine große **Auswahlmöglichkeit an Präfationen** bzw. Einschüben zu verschiedenen Festen im Jahreskreis und anderen Anlässen (Taufe, Firmung ...).

Um die **Feierlichkeit** zu heben, kann der Priester das ganze Hochgebet oder Teile davon singen (Dialog zu Beginn, Präfation, Schlussdoxologie).

Das Hochgebet soll als **Mitte und Höhepunkt** der Eucharistiefeier erfahren werden. Deshalb ist es wichtig, beim Hochgebet besonderes Augenmerk auf die Gestaltung zu legen und die Aufmerksamkeit der Gemeinde durch **Akklamationen** (Rufe) zu erhalten: Sanctus, Geheimnis des Glaubens, Amen.

Es gibt **weitere Rufe**, von denen einer ausgewählt werden kann, um als Einschub beim Hochgebet gesungen zu werden. Bei den **Hochgebeten für Kinder** sind solche zusätzlichen Rufe im Text vorgesehen. Diese können als Orientierung bei der Auswahl von Akklamationen für andere Hochgebete dienen.

Das Sitzen ist in der Liturgie die Haltung des Zuhörens, nicht aber des aktiven Betens. Beim Hochgebet sind alle **Betende** – nicht nur beim Sanctus usw., sondern auch bei den Teilen, die der Priester alleine spricht!

Gotteslob konkret

Warum nicht öfters ...
... die Variationsbreite bei den Hochgebeten entdecken und ausschöpfen? Kurze Zwischenrufe oder ein gesungenes „Amen" kann jede Gemeinde auswendig lernen. Sie sind einfach mitzusingen, wenn sie vor der Messfeier kurz geübt wurden, und erhöhen die Aufmerksamkeit.

Zu diesen Akklamationen vgl. S. 70–75.

Beispiele für weitere Rufe:
GL 670,8 Dir sei Preis und Dank und Ehre
GL 776* K: Gott, du bist gut. A: Wir loben dich, wir danken dir.
GL 777* K: Preist unsern Gott: A: Herr, wir preisen dich

In jeder Messfeier wird das, was beim Letzten Abendmahl geschehen ist, Gegenwart: Jesus ist bei uns, er schenkt sich uns – hier und heute – in den Zeichen von Brot und Wein. Er schenkt sich uns und bestärkt uns mit seiner Kraft.

Aus den Hochgebeten

In Gemeinschaft mit der ganzen Kirche gedenken wir deiner Heiligen. Wir ehren vor allem Maria, die glorreiche, allzeit jungfräuliche Mutter unseres Herrn und Gottes Jesus Christus. Wir ehren ihren Bräutigam, den heiligen Josef, deine heiligen Apostel und Märtyrer: Petrus und Paulus, Andreas [...] und alle deine Heiligen; blicke auf ihr heiliges Leben und Sterben und gewähre uns auf ihre Fürsprache in allem deine Hilfe und deinen Schutz.

Wir bitten dich, allmächtiger Gott: Dein heiliger Engel trage diese Opfergabe auf deinen himmlischen Altar vor deine göttliche Herrlichkeit; und wenn wir durch die Teilnahme am Altar den heiligen Leib und das Blut deines Sohnes empfangen, erfülle uns mit aller Gnade und allem Segen des Himmels.

(aus dem Ersten Hochgebet)

Ja, du bist heilig, großer Gott, du bist der Quell aller Heiligkeit. Darum kommen wir vor dein Angesicht und feiern in Gemeinschaft mit der ganzen Kirche [...]

Darum, gütiger Vater, feiern wir das Gedächtnis des Todes und der Auferstehung deines Sohnes und bringen dir so das Brot des Lebens und den Kelch des Heiles dar. Wir danken dir, dass du uns berufen hast, vor dir zu stehen und dir zu dienen. Wir bitten dich: Schenke uns Anteil an Christi Leib und Blut und lass uns eins werden durch den Heiligen Geist.

(aus dem Zweiten Hochgebet)

So bringen wir dir mit Lob und Dank dieses heilige und lebendige Opfer dar. Schau gütig auf die Gabe deiner Kirche. Denn sie stellt dir das Lamm vor Augen, das geopfert wurde und uns nach deinem Willen mit dir versöhnt hat. Stärke uns durch den Leib und das Blut deines Sohnes und erfülle uns mit seinem Heiligen Geist, damit wir ein Leib und ein Geist werden in Christus. [...]

Barmherziger Gott, wir bitten dich: Dieses Opfer unserer Versöhnung bringe der ganzen Welt Frieden und Heil. Beschütze deine Kirche auf ihrem Weg durch die Zeit und stärke sie im Glauben und in der Liebe [...]

(aus dem Dritten Hochgebet)

Wir preisen dich, heiliger Vater, denn groß bist du, und all deine Werke künden deine Weisheit und Liebe. Den Menschen hast du nach deinem Bild geschaffen und ihm die Sorge für die ganze Welt anvertraut. [...] Als er im Ungehorsam deine Freundschaft verlor und der Macht des Todes verfiel, hast du ihn dennoch nicht verlassen, sondern voll Erbarmen geholfen, dich zu suchen und zu finden.

Immer wieder hast du den Menschen deinen Bund angeboten und sie durch die Propheten gelehrt, das Heil zu erwarten. So sehr hast du die Welt geliebt, heiliger Vater, dass du deinen eingeborenen Sohn als Retter gesandt hast, [...]. Den Armen verkündete er die Botschaft vom Heil, den Gefangenen Freiheit, den Trauernden Freude.
(Aus dem Vierten Hochgebet)

Wir danken dir, gütiger Vater, und preisen dich, denn durch die Frohe Botschaft deines Sohnes hast du Menschen aus allen Völkern und Sprachen vereint in der Gemeinschaft der Kirche. Durch sie, die aus der Kraft deines Geistes lebt, führst du alle Menschen zur Einheit. So bezeugt die Kirche deine Liebe und schenkt allen Hoffnung auf ewige Vollendung. Sie wird zum Zeichen deiner Treue, die du uns für immer versprochen hast in unserem Herrn Jesus Christus [...]

Barmherziger Gott, erleuchte deine Kirche und erneuere sie durch das Evangelium. Festige das Band der Einheit zwischen den Gläubigen und ihren Hirten, in der Gemeinschaft mit unserem Papst N., unserem Bischof N. und allen Bischöfen. Mache dein Volk in unserer zerrissenen Welt zum Werkzeug der Einheit und des Friedens [...]
(aus dem Hochgebet für Messen für besondere Anliegen I: „Kirche auf dem Weg zur Einheit")

[...] Du lässt uns niemals allein auf unserem Weg und bist immer da für uns. Einst hast du Israel, dein Volk, mit starker Hand durch die weglose Wüste geleitet. Heute führst du deine pilgernde Kirche in der Kraft des Heiligen Geistes. Du bahnst ihr den Weg durch diese Zeit in die ewige Freude deines Reiches durch unseren Herrn Jesus Christus [...]

Ja, du bist heilig, großer Gott. Du liebst die Menschen und bist ihnen nahe. Gepriesen sei dein Sohn, der immer mit uns auf dem Weg ist und uns um sich versammelt zum Mahl der Liebe.
(aus dem Hochgebet für Messen für besondere Anliegen II: „Gott führt die Kirche")

Aus den Hochgebeten

Wir danken dir, Vater, Herr des Himmels und der Erde, und preisen dich durch unsern Herrn Jesus Christus. […] Er hat deine Botschaft verkündet und uns gerufen, ihm zu folgen. Er hat uns erlöst durch sein Kreuz und mit deinem Geist besiegelt.

Er ist der Weg, der uns zu dir führt, er ist die Wahrheit, die uns frei macht; er ist das Leben und erfüllt uns mit Freude. Durch ihn führst du deine Söhne und Töchter zusammen zu einer einzigen Familie. […]
(aus dem Hochgebet für Messen für besondere Anliegen III: „Jesus, unser Weg")

[…] Wir danken dir, treuer Gott und barmherziger Vater, für deinen Sohn Jesus Christus, unseren Herrn und Erlöser. Er hatte ein Herz für die Armen und Kranken, die Ausgestoßenen und die Sünder. Den Bedrängten und Verzweifelten war er ein Bruder. Sein Leben und seine Botschaft lehren uns, dass du für deine Kinder sorgst wie ein guter Vater und eine liebende Mutter. […]

Darum, gütiger Vater, feiern wir das Gedächtnis deines Sohnes, der uns erlöst hat. Durch sein Leiden und seinen Tod am Kreuz hast du ihn zur Herrlichkeit der Auferstehung geführt und ihn erhöht zu deiner Rechten.
(aus dem Hochgebet für Messen für besondere Anliegen IV: „Jesus, der Bruder aller")

Inmitten einer Menschheit, die gespalten und zerrissen ist, erfahren wir, dass du Bereitschaft zur Versöhnung schenkst. Dein Geist bewegt die Herzen, wenn Feinde wieder miteinander sprechen, Gegner sich die Hände reichen und Völker einen Weg zueinander suchen. Dein Werk ist es, wenn der Wille zum Frieden den Streit beendet, Verzeihung den Hass überwindet und Rache der Vergebung weicht. Darum können wir nicht aufhören, dir zu danken und dich zu preisen […]

Herr aller Mächte und Gewalten, gepriesen bist du in deinem Sohn Jesus Christus, der in deinem Namen gekommen ist. […] Er ist die Hand, die du den Sündern entgegenstreckst. Er ist der Weg, auf dem dein Friede zu uns kommt.
(aus dem Hochgebet zum Thema „Versöhnung")

Gott, unser Vater, du hast uns zusammengerufen. Wir sind hier und wollen dich loben. Wir wollen dich preisen und dir sagen: Groß bist du, und wunderbar hast du alles gemacht. Sei gelobt für die Sonne und die Sterne [...] Sei gelobt für die Erde und die Menschen [...] Gott, unser Vater, groß bist du, herrlich hast du alles gemacht [...]

Gott, du denkst immer an uns Menschen und willst uns nahe sein. Darum hast du Jesus, deinen Sohn, zu uns gesandt. Er hat die Kinder gesegnet. Er hat die Kranken geheilt. [...]

(Aus dem ersten Hochgebet für Messfeiern mit Kindern „Gott, unser Vater")

Guter Gott, wir freuen uns, und wir danken dir, dass wir mit Jesus zu dir kommen dürfen. Du liebst uns, darum schenkst du uns die schöne, weite Welt. Du liebst uns, darum schenkst du uns Jesus Christus, deinen Sohn. Du liebst uns, darum führst du uns hier zusammen als seine Brüder und Schwestern [...]

Guter Gott, wir danken dir für Jesus, der in deinem Namen gekommen ist als Freund der Armen und Kleinen. Er hat uns gezeigt, wie wir für dich und füreinander da sein können.

(aus dem zweiten Hochgebet für die Messfeier mit Kindern „Du liebst uns")

Wir danken dir, Gott. [...] Besonders danken wir dir für Jesus Christus. [...] Er hat uns jetzt zusammengeführt an einen Tisch, damit wir tun, was er getan hat. Deshalb haben wir Brot und Wein bereitet. Wir bitten dich, Vater: Heilige diese Gaben, dass sie für uns zum Leib und Blut Jesu Christi werden.

Vater, du hast uns zu diesem Mahl zusammengerufen. Im Heiligen Geist versammelt, empfangen wir den Leib und das Blut Christi. Gib uns die Kraft, so zu leben, dass du Freude an uns hast.

(Aus dem dritten Hochgebet für Messfeiern mit Kindern. „Wir danken dir, Gott")

Ja, du bist heilig und kannst heilig machen. Deshalb heilige diese Gaben. Verwandle das Brot und den Wein für uns in den Leib und das Blut deines Sohnes Jesus Christus. [...]

Wir bitten dich: Hilf uns, dass wir durch die heilige Kommunion eine christliche Gemeinde werden. [...] Wir bitten um deine Barmherzigkeit für die Toten. Sie haben auf die Auferstehung gehofft. Hole sie zu dir in den Himmel, damit sie dich immer sehen dürfen.

(aus dem Hochgebet für Messfeiern mit Gehörlosen)

Akklamationen der Gemeinde im Hochgebet

Nach dem Eröffnungsdialog ist an weiteren drei Stellen im Hochgebet vorgesehen, dass das Gebet der Gemeinde nicht nur in Stille stattfindet, sondern auch zu hören ist: beim Sanctus, nach dem Zuruf „Geheimnis des Glaubens" und als Zustimmung durch das abschließende „Amen". Das Hochgebet ist nicht das Gebet des Priesters, sondern wir alle beten dabei: großteils, indem der Priester im Namen aller spricht oder singt, an einigen Stellen aber, indem die ganze Gemeinde spricht oder singt.

„Im eucharistischen Hochgebet, dem Gebet der Danksagung und Heiligung, erreicht die ganze Feier ihre Mitte und ihren Höhepunkt. […] Sinn dieses Gebetes ist es, die ganze Gemeinde der Gläubigen im Lobpreis der Machterweise Gottes und in der Darbringung des Opfers mit Christus zu vereinen."
(AEM 54, vgl. GORM 78)

Sanctus

Im Sanctus stimmt die Gemeinde in den Dank an Gott und seinen Lobpreis ein. Es ist ein Teil des Hochgebets, der von der ganzen Gemeinde gesungen wird. Inhaltlich hängt das Sanctus in seinem ersten Teil mit der Vision des Propheten Jesaja zusammen: Er sieht, wie der Herr auf einem Thron sitzt und Serafim (sechsflügelige Engel) ihn lobpreisen.

„Die gesamte Gemeinde vereint sich im Sanctus-Ruf mit den himmlischen Mächten und singt oder spricht das Sanctus. Dieser Ruf ist Teil des eucharistischen Hochgebetes und wird von allen gemeinsam mit dem Priester vorgetragen."
(AEM 55, vgl. GORM 79)

Was geschieht?

Das Sanctus soll **in der Regel von Priester und Gemeinde gemeinsam gesungen** werden.

Die Kirche ist eine Gemeinschaft über Raum und Zeit hinweg. Wir loben Gott vereint mit der ganzen Schöpfung, mit Himmel und Erde, mit Engeln und Menschen. Wie aus einem Mund singen wir das Lob seiner Herrlichkeit!

Anregungen zur Gestaltung

Musikalische Möglichkeiten:

- Sanctus aus einer lateinischen Choralmesse
- oder einem deutschen Ordinarium,
- im Wechsel von Vorsänger und Gemeinde (mit Kehrvers)
- Mehrstimmiges Sanctus/Benedictus aus einer Messkomposition: Das Benedictus wird direkt an das Sanctus angeschlossen. Ist das Benedictus selbständig komponiert, ist eine Einfügung direkt nach dem Amen des Hochgebets denkbar. Ein vom Chor gesungenes Benedictus darf nicht das Hochgebet ersetzen.

Gotteslob konkret

Lateinischer Sanctus-Text (Choralmessen):

GL 106	*aus der Missa mundi*
GL 110	*aus der Missa de Angelis*
GL 115	*aus der Missa „Lux et origo"*
GL 118	*aus der Missa „Adventus et Quadragesima"*

Deutscher Sanctus-Text (dt. Ordinarium):

GL 127	*aus der Alban-Messe*
GL 132	*aus der Paulus-Messe*
GL 190	*aus der „Community Mass"*
GL 191	*anspruchsvoller Kanon für 5 Gruppen, mit Gitarrenakkorden*
GL 192	*einstimmig oder als Kanon für 3 Gruppen, mit Gitarrenakkorden*
GL 193	*dt. Ordinarium*
GL 194	*dt. Ordinarium*
GL 195	*aus der „Heritage Mass"*

Sanctus

Sie rufen ihm zu „Heilig, heilig, heilig ist der Herr der Heere. Von seiner Herrlichkeit ist die ganze Erde erfüllt." (Jes 6,3)

Im zweiten Teil klingt die Erinnerung an den „Hosanna-Ruf" beim Einzug Jesu in Jerusalem an (Psalm 118,26 und Mt 21,9).

Aus diesem Teil hat sich im Laufe der Jahrhunderte in Messkompositionen das eigenständige „Benedictus" entwickelt.

Heilig, heilig, heilig
Gott, Herr aller Mächte und
Gewalten.
Erfüllt sind Himmel und Erde von
deiner Herrlichkeit.
Hosanna in der Höhe.
Hochgelobt sei, der da kommt im
Namen des Herrn.
Hosanna in der Höhe.

Kann das Sanctus nicht gesungen werden, wird es gesprochen.

Anregungen zur Gestaltung

Gotteslob konkret

GL 196   *dt. Ordinarium*
GL 197   *mit Gitarrenakkorden*
GL 200   *dt. Ordinarium*
GL 713,3* *aus der St.-Pöltener-Messe,*
         kann auch im Wechsel K/A
         gesungen werden
GL 714,4* *aus der Messe für*
         Verstorbene

Deutscher Sanctus-Text mit Kv:
GL 129   *aus der Mainzer Dom-Messe,*
         für K/A mit Gemeinde-Kv
GL 712,3* *aus der Markus-Messe,*
         für K/A mit Gemeinde-Kv
GL 713,3* *aus der St.-Pöltener-Messe,*
         kann im Wechsel K/A
         gesungen werden
GL 715,3* *aus der Messe von K.-B.*
         Kropf, für K/A mit Gemeinde-
         Kv, mit Gitarrenakkorden

Das Sanctus kann nur durch ein **Lied** ersetzt werden, das mit dem **dreimaligen Heilig-Ruf beginnt und dem Inhalt des Sanctus entspricht**.

Sanctus-Lieder:
GL 198 Heilig bist du, großer Gott
GL 199 Heilig ist Gott in Herrlichkeit
GL 710,6* Singt: Heilig, heilig, heilig –
         mit neuer zweiter Strophe
         (Hosanna, der kommt ins
         Herren Namen)
GL 716,2* Heilig bist du, großer Gott –
         Sanctus-Lied auf die Melodie
         *von 716,1**
GL 767* Heilig, heilig, heilig – *mit Kv,*
         mit Gitarrenakkorden
GL 769* Heilig, heilig, heilig ist der
         Herr des ganzen Universums
         – *mit mehrstimmigem Ho-*
         sanna und Gitarrenakkorden
GL 771* Heilig, heilig, dreimal heilig
GL 772* Heilig, heilig, heilig ist der
         Herr, Zebaot – *mit Gitarren-*
         akkorden
GL 773* Heilig, heilig, Hosanna in der
         Höhe – *mit Kv, mit Gitarren-*
         akkorden

Geheimnis des Glaubens

Mit dem Ruf „Geheimnis des Glaubens" wird gedeutet, was wir hier feiern: Wir verkünden Jesu Tod, preisen seine Auferstehung und erwarten sein Wiederkommen. Wir bekennen uns dankbar zu Christus und dem, was er für uns getan hat und auch heute tut.

„Heiland der Welt, schenke uns dein Heil; denn durch Tod und Auferstehung hast du uns erlöst."

„Sooft wir dieses Brot essen und aus diesem Kelch trinken, verkünden wir deinen Tod, o Herr, bis du kommst in Herrlichkeit."
(Akklamationen, MB II, S. 1226)

Was geschieht?

Nach den Einsetzungsworten ruft der Diakon oder Priester der Gemeinde zu: **„Geheimnis des Glaubens"**. Die Gemeinde antwortet: **„Deinen Tod, o Herr, verkünden wir, ..."** oder mit einem anderen dafür vorgesehenen Ruf.

Christus schenkt sich uns in der Eucharistie! Wer mit ihm lebt, lernt ihn immer besser kennen. Wer ihn aus ganzem Herzen liebt, der staunt immer wieder über das Geheimnis, das wir hier feiern, und darüber, wie er unter uns wirkt.

Amen

Mit unserem „Amen" wird das Hochgebet abgeschlossen. Dieses hebräische Wort heißt übersetzt „es steht fest", „sicher". Unser Amen ist ein Ausdruck der Anerkennung und Übernahme, ein Ausdruck der Zustimmung: Was hier gebetet wurde, verpflichtet auch mich.

Jedes Hochgebet schließt mit einem Wort ab, das die Zustimmung der Gemeinde ausdrückt: **AMEN**.

Das Amen als Zustimmung zum Hochgebet steht im direkten Zusammenhang mit dem Amen, mit dem jeder einzeln beim Kommunionempfang der Glaubensaussage „Der Leib Christi" zustimmt.

Anregungen zur Gestaltung

Mit diesem Ruf (Akklamation) deutet die Gemeinde den Sinn der Eucharistiefeier. Damit er deutlicher hervortritt, kann er gesungen werden.

Das Messbuch kennt im Anhang **verschiedene Singweisen** und auch andere Akklamationen, die an dieser Stelle passen. (vgl. MB II, Anhang V, S. 1225f)

Gotteslob konkret

Akklamation: Deinen Tod, o Herr, ...:
GL 201,1 *mit Gitarrenakkorden*
GL 588,6 *1. Singweise im Messbuch, lat. + dt.*
GL 774* *Kanon, mit Gitarrenakkorden*
GL 775* *mehrstimmig, auf die Melodie von „Kumbaya my Lord"*

Alternative Akklamation:
GL 939* Sooft wir essen von diesem Brot – *Kanon, mit Gitarrenakkorden, (vgl. MB II, Anhang V)*

Das **„Amen"** tritt deutlicher in unser Bewusstsein, wenn es **gesungen** wird. Dazu singt der Priester die abschließende Doxologie „Durch ihn und mit ihm und in ihm ...".

Es gibt Rufe, die das Amen wiederholen und musikalisch entfalten. Nach der Antwort der Gemeinde kann sich auch ein (mehrstimmiges) Amen des Chores anschließen.

GL 201,2 Amen – *mehrstimmig*
GL 201,3 Amen – *Kanon, mit Gitarrenakkorden*
GL 778,1* Amen – *Kanon (auf die Melodie: Segne Vater diese Gaben)*

AMEN, ja, es steht fest: In Christus, durch ihn und mit ihm bekommt unser Leben seinen tiefsten Sinn. In ihm ist uns das Leben in Fülle geschenkt, durch ihn werden wir Menschen, an denen Gott Wohlgefallen hat, und mit ihm werden wir zum Segen für andere Menschen.

Kommunionfeier

Schon früh bildeten sich in der Kirche zwischen Hochgebet und Kommunionempfang einige Riten der Vorbereitung heraus, die uns auch heute helfen, die Eucharistie mit bereitem Herzen zu empfangen.

Vaterunser und Friedensgruß

Die Bitte um das tägliche Brot deutete man schon Mitte des 3. Jahrhunderts auch auf das eucharistische Brot hin.

> „Im Gebet des Herrn bitten wir um das tägliche Brot, das die Christen auch auf das eucharistische Brot hinweist, und um Befreiung von Sünden, damit das Heilige wirklich Geheiligten gereicht wird."
> (GORM 81, vgl. AEM 56)

Noch wichtiger ist für die Kirchenväter im Hinblick auf die Beziehung zwischen Vaterunser und Kommunion aber die Bitte um Vergebung: Indem Gott uns vergibt, können wir einander vergeben. Ohne Vergebung kann Gemeinschaft – lateinisch „communio" – nicht geschehen.

Auch der anschließende Friedensgruß ist als Vorbereitung auf die Kommunion zu verstehen. Er ist ein Ausdruck der bestehenden Einheit und Gemeinschaft.

Was geschieht?

Eingeleitet wird das Vaterunser mit einer **Gebetseinladung**, für die das deutschsprachige Messbuch vier Formen kennt und die auch frei formuliert der Zeit des Kirchenjahres angepasst werden kann.

Direkt an das **Vaterunser** schließt sich der **Embolismus** an, ein Gebet, das die letzte Bitte entfaltet und um **Erlösung vom Bösen** für die ganze Gemeinschaft der Gläubigen ruft. Zu Ende geführt wird diese Bitte wieder von der ganzen Gemeinde mit der **Doxologie**: „Denn dein ist das Reich und die Kraft und die Herrlichkeit in Ewigkeit."

Nach dem Vaterunser folgt der Friedensgruß.

Der Priester spricht das Gebet, das sich an die Worte anlehnt, mit denen Jesus seinen Jüngern den Frieden verheißen hat: „Frieden hinterlasse ich euch, meinen Frieden gebe ich euch ..."

Anschließend kann der Diakon oder der Priester die Gläubigen auffordern, einander ein Zeichen des Friedens zu reichen.

Anregungen zur Gestaltung

Die Einladung, das Gebet selbst, der Embolismus und die Doxologie, mit der die Gemeinde das Gebet beschließt, werden gesungen oder mit lauter Stimme gesprochen.

Gotteslob konkret

Vaterunser gesungen:

GL 589,2 und 3 *dt. und lat. Text wie im Messbuch zum Singen eingerichtet*

GL 632,2 *diese Melodiefassung ist im Stundengebet üblich*

GL 661,8 *orthodoxe Melodiefassung nach Rimskij-Korsakov*

GL 779* *mit Gitarrenakkorden*

Mit welchem Zeichen Menschen einander den Frieden zusagen, ist in verschiedenen Kulturen sehr unterschiedlich. Deshalb haben die Bischofskonferenzen hier die Möglichkeit, die Geste entsprechend der Eigenart und den Gebräuchen der Völker näher zu bestimmen.

Es ist aber angebracht, den Friedensgruß nur mit den Nächststehenden auszutauschen.

Das Vaterunser ist das Gebet der Jünger Jesu, die die Herrlichkeit des Reiches Gottes ahnen und sich nach seiner vollen Verwirklichung auf der Erde sehnen. Dabei wird der Friedensgruß zum Auftrag: Wir sind gerufen, den Frieden, den Christus schenkt, in die Welt zu tragen.

Brotbrechung mit Agnus Dei

Jesus nahm beim Mahl mit seinen Jüngern das Brot und sprach das Dankgebet. Dann brach er das Brot, damit jeder ein Stück davon bekommen konnte. An dieser Geste – am Brechen des Brotes – erkannten die Jünger in Emmaus den gekreuzigten und auferstandenen Herrn.

"Die Gebärde der Brotbrechung, die von Christus beim Letzten Abendmahl vollzogen wurde und die in apostolischer Zeit der ganzen Eucharistiefeier den Namen gab, ist ein Zeichen dafür, dass die vielen Gläubigen bei der Kommunion von dem einen Brot des Lebens, das der für das Heil der Welt gestorbene und auferstandene Christus ist, ein Leib werden. (1 Kor 10,17)"
(GORM 83)

Das Brechen des Brotes war einerseits eine praktische Notwendigkeit, wurde aber von Beginn an gedeutet: Das eine Brot, das Christus ist, wird mit den Vielen geteilt, damit sie der Leib Christi werden.
(vgl. 1 Kor 10,17)

Weil dieser Vorgang so entscheidend war, gab er der Eucharistiefeier ihren ersten Namen: Feier des Brotbrechens.

Das Brechen des Brotes, heute oft reduziert auf das Brechen einer oder mehrerer großer Hostien, wird durch den Ruf "Lamm Gottes" begleitet und gedeutet: Christus hat sein Leben für uns hingegeben und die Sünde der Welt getilgt. Ihn bitten wir um sein Erbarmen und seinen Frieden.

Was geschieht?

Der Priester bricht die **große Hostie** über der Schale in **mehrere Teile** zum Zeichen, dass alle von demselben Brot essen und an dem einen Leib Christi teilhaben. Ein kleines Fragment einer Hostie senkt er in den Kelch und betet dabei leise: "Das Sakrament des Leibes und Blutes Christi schenke uns ewiges Leben."

Währenddessen wird das **Agnus Dei** gesungen.

Schon am Beginn des öffentlichen Wirkens Jesu hat Johannes der Täufer ihn als "Lamm Gottes, das die Sünde der Welt hinwegnimmt" erkannt (vgl. Joh 1,19). Im Aramäischen, der Sprache, die Johannes sprach, bedeutet das Wort, das für "Lamm" verwendet wird, auch "das Zarte". Gott erlöst nicht durch Terror und Gewalt, sondern durch seinen Sohn Jesus Christus.

Anregungen zur Gestaltung

Gotteslob konkret

Es können auch mehrere große Hostien verwendet werden, damit immer auch Gottesdienstteilnehmer aus der Gemeinde ein gebrochenes Stück bekommen können.

Musikalische Möglichkeiten:
- aus einer lateinischen Choralmesse oder dem deutschen Ordinarium
- aus einer Messkomposition
- Agnus-Lied

Ausführung:
- Wechselgesang Vorsänger(gruppe)-Gemeinde
- Gemeindegesang
- Chorgesang, wenn die Gemeinde an anderen Gesängen beteiligt ist.

Die meisten Agnus-Gesänge können auch ohne Kantor/Schola gesungen werden.

Lateinischer Text (Choralmessen):

GL 107	*aus der Missa mundi, für K/A*
GL 111	*aus der Missa de Angelis, für K/A*
GL 116	*aus der Missa „Lux et origo", für K/A*
GL 119	*aus der Missa „Adventus et Quadragesima", für K/A*

Deutscher Text:

GL 133	*aus der Paulus-Messe, für K/A*
GL 136	*aus der Florian-Messe, für K/A*
GL 139	*aus der Leopold-Messe, für K/A*
GL 202	*für K/A*
GL 204	*für K/A*
GL 205	*Agnus-Text kann ad lib. erweitert werden (Texteinschübe in Klammern), für K/A, eignet sich gut bei längerer Brotbrechung*
GL 206	*für K/A*
GL 207	*Taizé, für K/A, mit lat. Gemeinde-Antworten*
GL 208	*für K/A*
GL 712,4*	*aus der Markus-Messe, für K/A*
GL 713,4*	*aus der St.-Pöltener-Messe, für K/A*
GL 714,5*	*aus der Messe für Verstorbene, für K/A*

Brotbrechung mit Agnus Dei

*Lamm Gottes, du nimmst hinweg
die Sünde der Welt:
Erbarme dich unser.
Lamm Gottes, du nimmst hinweg
die Sünde der Welt:
Erbarme dich unser.
Lamm Gottes, du nimmst hinweg
die Sünde der Welt:
Gib uns deinen Frieden.*

Was geschieht?

„Es ist wünschenswert, dass für die Kommunion der Gläubigen die Hostien möglichst in jeder Messe konsekriert werden" (AEM 56h).

Der Gang zum Tabernakel, um das Ziborium mit bereits konsekrierten Hostien zu holen, sollte daher nicht den Normalfall, sondern den Notfall darstellen, wenn zu wenige Hostien konsekriert wurden.

Kann das Agnus nicht gesungen werden, wird es gesprochen.

Jesus selbst hat das Brot mit seinen Jüngern gebrochen und zu ihnen gesagt: „Das ist mein Leib, der für euch hingegeben wird." In der Kommunion haben wir alle Anteil an dem einen Christus. In jedem gebrochenen Stück ist ER ganz präsent.

Anregungen zur Gestaltung

Gotteslob konkret

GL 715,4* *aus der Messe von K.-B. Kropf, für K/A, mit Gitarrenakkorden*
GL 780* *kann mit K/A gesungen werden*
GL 781* *mehrstimmig, ohne K*

Dauert die Brotbrechung länger, kann der Ruf öfters wiederholt werden. Der letzte Ruf schließt immer mit den Worten „Gib uns deinen Frieden" bzw. „Dona nobis pacem".

Folgende Agnus-Gesänge ändern beim letzten Ruf die Melodie:
GL 133   *aus der Paulus-Messe, mit K/A*
GL 780* *mit K/A*

Agnus-Lieder:
GL 203   O Lamm Gottes unschuldig
GL 716,3* Hier ist das wahre Gotteslamm – *Agnus-Lied auf die Melodie von GL 716,1*
GL 782* Christus, du Lamm Gottes – *dt. Agnus-Text mit freien Texteinschüben, für K/A*
GL 783* O Lamm Gottes

Warum nicht einmal ...
... in einer kleinen Gruppe keine kleinen Hostien verwenden, sondern eine (oder wenn nötig mehrere) große? So bekommt jeder ein gebrochenes Stück und es wird deutlicher, dass wir alle vom selben Brot, vom selben Leib empfangen.

Kommunion-
austeilung

In der Kommunion empfangen wir die eucharistischen Gaben, also Leib und Blut Christi.

Das lateinische Wort „com-munio" bedeutet „gemeinsame Sorge, gemeinsamer Besitz". Dieses Mahl, das wir hier feiern, macht uns zu einer Gemeinschaft. Indem wir den Leib Christi empfangen, werden wir zum Leib Christi.

„Wenn du dann hingehst, komm nicht mit vorgestreckten Handflächen oder gespreizten Fingern. Mache die Linke zum Thron für die Rechte, die den König empfangen soll. Mache die Hand hohl, empfange so den Leib Christi und sage ‚Amen' dazu."

(Cyrill von Jerusalem, 4. Jh.)

Was geschieht?

Nach einer Kniebeuge **zeigt** der Priester der Gemeinde **den gebrochenen Leib Christi** mit den Worten „Seht das Lamm Gottes, das hinwegnimmt die Sünde der Welt."

Gemeinsam mit der Gemeinde spricht er dann wie der Hauptmann von Karfarnaum, der sich voll Vertrauen an Christus wendet und ihn in sein Haus einlädt: „Herr, ich bin nicht würdig, dass du eingehst unter mein Dach, aber sprich nur ein Wort, so wird meine Seele gesund."

Wird der im Messbuch angeführte **Kommunionvers** nicht während der Kommunionausteilung gesungen, kann der Priester ihn sprechen, z. B. „Kostet und seht, wie gut der Herr ist" oder den Vers, der bei den Texten vom Tag angegeben ist.

Mit dem Gebet „Der Leib Christi/Das Blut Christi schenke mir das ewige Leben" **kommuniziert der Priester**. Dann teilt er die **Kommunion an die Gläubigen** aus, gegebenenfalls unterstützt durch andere Priester, Diakone oder Kommunionhelfer.

Die **Kommunionhelfer** versammeln sich um den Altar. Nachdem sie selbst kommuniziert haben, übergibt der Priester jedem Kommunionhelfer eines der Gefäße (Hostienschale oder Kelch mit Kelchtuch). Alle gehen zu den vor dem Gottesdienst vereinbarten Plätzen.

Anregungen zur Gestaltung

Gotteslob konkret

Die Antiphon (Kommunionvers) und der dazugehörige Psalm finden sich im Graduale Romanum oder im Graduale Simplex.

Der Kommunionvers kann auch als Orientierung für die Wahl eines geeigneten (Psalmen-)Gesangs zur Kommunion dienen.

Psalm- und Wechselgesänge für K/A:

GL 37,1+2 Der Herr ist mein Hirt (Kv) + Ps 23

GL 60,1 Der Herr hat uns befreit (Kv) + K-Verse aus Ps 111 (GL 60,2)

GL 211 Wir rühmen dich, König der Herrlichkeit – *für K/A, K singt Textzeile vor, Gemeinde singt nach*

GL 212 Kostet, kostet und seht (Kv) + K-Verse aus Ps 34 (GL 39,2)

GL 214 Dies Brot ist mein Leib (Kv) + K-Verse aus Ps 18 (GL 979,2*) – *für eine mehrstimmige Schola*

GL 365 Meine Hoffnung und meine Freude – *Taizé, mehrstimmig, kann mit oder ohne Psalm gesungen werden*

GL 442 Wo die Güte und die Liebe wohnt – *für K/A mit Gemeinde-Kv*

GL 444 Danket dem Herrn (Kv) + K-Verse aus Ps 18 (GL 979,2*)

GL 445 Ubi caritas et amor (Kv) – *Taizé, mehrstimmig, kann mit oder ohne Psalm gesungen werden*

Kommunion-austeilung

Was geschieht?

Das Austeilen der Kommunion wird mit den Worten **„Der Leib Christi"** bzw. **„Das Blut Christi**" begleitet. Nach dem **„Amen"** des Kommunikanten wird die Kommunion gereicht.

Warum nicht ...

... einen Kommunionhelfer für die Austeilung der Kommunion an die Sänger und Sängerinnen einplanen? Wer einen liturgischen Dienst tut – und das tun Kirchenchor und Musiker – der tut das aus der Kraft heraus, die ihm durch die Feier der Eucharistie geschenkt wird. Deshalb ist es gut, auch Sängern und Musikern einen würdigen Empfang der Kommunion zu ermöglichen und die Kommunionfeier erst dann abzuschließen, wenn alle kommuniziert haben, die das möchten.

Ob man den Leib Christi mittels **Hand- oder Mundkommunion** empfangen möchte, entscheidet jeder selbst und zeigt das durch seine Handhaltung und Gestik. Wer die Kommunion austeilt, richtet sich danach.

Bei der **Austeilung des Blutes Christi** sind zwei Formen möglich:

· **Trinken aus dem Kelch**. Diese Form nimmt den ersten Platz ein. Dabei wird der Kelch jedem gereicht, sodass er daraus trinken kann. Nach jedem Kommunikanten wischt der Kommunionhelfer den Rand des Kelches mit dem Kelchtuch ab und dreht ihn etwas weiter.

· **Eintauchen der Hostie in den Kelch**. Das Eintauchen geschieht durch den, der die Kommunion austeilt. In diesem Fall ist nur Mundkommunion möglich. Der Kommunionhelfer spricht dabei: „Der Leib und das Blut Christi."

Anregungen zur Gestaltung

Die Austeilung der Kommunion unter beiden Gestalten wird besonders am Gründonnerstag und an hohen Festen, v. a. in der Osternacht, empfohlen. Sie bietet sich auch am Hochfest des Leibes und Blutes Christi (Fronleichnam) an. Grundsätzlich kann die Kommunion in jeder Eucharistiefeier unter beiden Gestalten gespendet werden, der jeweilige Bischof kann dazu eine Ordnung erlassen.

Für den Kommunionempfang in beiderlei Gestalt ist es in den meisten Fällen sinnvoll, pro Hostienschale zwei Kelche vorzusehen. Die Wahl geeigneter Plätze für die Austeilung ist wichtig, damit die Gläubigen einander nicht am würdigen Empfang der Eucharistie behindern.

Wo dies nicht regelmäßig üblich ist, ist es gut, die Form des Empfangs des Blutes Christi zu erklären. Wichtig dabei: Der Empfang des Weines ist freiwillig. Wer Christus nur in der Gestalt des Brotes empfangen möchte, hat trotzdem in voller Weise Anteil an der Eucharistie.

Bei dieser Form benötigt man ein eigenes Gefäß, das die Austeilung durch eine Person ermöglicht, oder zwei Kommunionhelfer. Einer hält dabei die Hostienschale, der andere den Kelch, in den er die Hostie eintaucht und den Kommunikanten reicht.

Gotteslob konkret

GL 618 Confitemini Domino (Kv) + K-Verse aus Ps 34 (GL 39,2) – *Taizé, mehrstimmig*

GL 784*,1+2 Wir empfangen (Kv) + K-Verse aus Ps 34 – *für eine mehrstimmige Schola*

GL 785* Kostet und seht (Kv) + K-Verse aus Ps 34 (GL 784,2*) – *für eine mehrstimmige Schola*

GL 786,1+2* Nehmt und esst den Leib des Herrn – *mehrstimmig, Strophen und Kv können auf Schola und Gemeinde aufgeteilt werden*

GL 788,1* Du reichst uns, Herr, das Brot des Lebens (Kv) mit K-Versen aus Ps 145 (GL 788,2) – *für eine mehrstimmige Schola*

Taizé-Kehrverse können auch einfach so lange wiederholt werden, bis die Kommunionausteilung abgeschlossen ist.

Kommunionlieder:

GL 209 Du teilst es aus mit deinen Händen

GL 210 Das Weizenkorn muss sterben – *kann mit K/A gesungen werden, mit Gemeinde-Kv*

GL 213 O heilge Seelenspeise

GL 215 Gott sei gelobet – *Strophenlied mit Kv*

GL 358 Ich will dich lieben

GL 361 Mein schönste Zier

GL 377 O Jesu, all mein Leben bist du

GL 497 Gottheit tief verborgen – *alter Eucharistiehymnus von Thomas von Aquin*

GL 789* Du bist das Brot, das den Hunger stillt – *kann mit passenden Texten kombiniert werden, mit Gitarrenakkorden*

Kommunion-austeilung

Was geschieht?

Die Kommunionausteilung kann vom **Kommuniongesang** begleitet werden. (Beispiele siehe S. 83/85)

Er wird angestimmt, während der Priester den Leib des Herrn empfängt, und endet spätestens beim Purifizieren, sodass vor dem Danklied bzw. dem Schlussgebet eine Zeit des stillen Gebetes bleibt. Diese Zeit steht auch dem Priester zu.

Warum nicht einmal ...
... nach der Kommunion eine gemeinsame Stille halten. So besteht die Möglichkeit zum persönlichen Gebet. Der Priester beschließt dann mit dem Schlussgebet.

Anregungen zur Gestaltung

Der Gesang zur Kommunion soll tiefer in das eucharistische Geheimnis hineinführen. Als Prozessionsgesang soll er von der Gemeinde leicht mitvollzogen werden können, z. B. durch einen wiederkehrenden Kehrvers.

Folgende Gestaltungmöglichkeiten bieten sich an:
- Psalm oder Lied mit auswendig gesungenem Kehrvers
- Antiphon aus dem Graduale Romanum mit oder ohne Psalm oder aus dem Graduale Simplex
- Choralbearbeitungen, meditative Musik
- Sololied, Solomotette, Kantatensatz
- mehrstimmiges Chorlied oder Liedkantate

Während der Kommunionausteilung kann auch Instrumentalmusik passend sein. Sie sollte so gewählt sein, dass sie nicht vom eigentlichen Geschehen ablenkt.

Gotteslob konkret

Dank- und Loblieder:

GL 216 Im Frieden dein
GL 281 Also sprach beim Abendmahle – *besonders für Gründonnerstag*
GL 382 Ein Danklied sei dem Herrn
GL 385 Nun saget Dank und lobt den Herren
GL 389 Dass du mich einstimmen lässt – *mit Gitarrenakkorden*
GL 393 Nun lobet Gott im hohen Thron
GL 395 Den Herren will ich loben
GL 400 Ich lobe meinen Gott – *mit Gitarrenakkorden*
GL 402 Danket Gott, denn er ist gut – *für K/A mit Gemeinde-Kv*
GL 403 Nun danket all und bringet Ehr
GL 405 Nun danket alle Gott
GL 421 Mein Hirt ist Gott der Herr – *nach Ps 23*
GL 427 Herr, deine Güt ist unbegrenzt
GL 436 Ach bleib mit deiner Gnade
GL 456 Herr, du bist mein Leben – *mit Gitarrenakkorden*
GL 470 Wenn das Brot, das wir teilen – *mit Gitarrenakkorden*
GL 474 Wenn wir das Leben teilen – *mit Gitarrenakkorden*
GL 484 Dank sei dir, Vater
GL 487 Nun singe Lob, du Christenheit
GL 489 Lasst uns loben, freudig loben
GL 551 Nun singt ein neues Lied dem Herren
GL 558 Danket dem Herrn – *Litanei für K/A nach Ps 136,21–25*
GL 643,3 Jubelt dem Herrn, alle Lande (Kv) mit K-Versen aus Ps 118 (GL 643,4) – *Lobpsalm*
GL 861* Anbetung, Dank und Ehre
GL 866* Ein Danklied sei dem Herrn – *Text wie GL 382, mit der in Österreich bekannten Melodie*

Kommunion-austeilung

Die Sonntagseucharistie prägt die Woche, die an diesem Tag beginnt: Gottes Wort gibt unserem Leben Richtung. Durch die Eucharistie werden wir noch tiefer zu einer Gemeinschaft und bekommen die Kraft, das, was wir erkannt haben, in unserem Leben umzusetzen.

Was geschieht?

Nach der Kommunionausteilung **reinigt** (purifiziert) der Priester bzw. der Diakon oder Akolyth, gegebenenfalls der Kommunionhelfer die Hostienschale und den Kelch an der Kredenz oder an der Seite des Altares.

Übrig gebliebene Hostien werden im Hostiengefäß zum Tabernakel gebracht und dort aufbewahrt.

Der Priester kehrt an seinen Sitz zurück. Alle **beten in Stille**, bevor ein **Dankpsalm oder Loblied** gesungen werden kann.

Mit dem **Schlussgebet** wird die Kommunionfeier beendet. Die Gemeinde steht dabei.

Anregungen zur Gestaltung

Das Reinigen der Gefäße kann, vor allem bei einer größeren Zahl an Gefäßen, auch nach der Messfeier geschehen.

Nach der Kommunionausteilung:
- Stille
- Dank- oder Loblied (siehe ab S. 87)
- Dankpsalm mit Kehrvers
- Sendungs- oder Segenslied
- Der Kirchenjahreszeit entsprechend passendes Lied
- Kommuniongesänge (siehe S. 85) eignen sich meist auch als Gesang nach der Kommunion.

Ausführung:
- Wechselgesang Vorsänger(gruppe)-Gemeinde
- Gemeindegesang
- Chor

Das Schlussgebet kann vom Priester im Namen aller gesprochen oder gesungen werden.

Gotteslob konkret

GL 875* Preiset den Herrn, denn er ist gut – *für K/A mit Gemeinde-Kv*

GL 876* Lobe den Herrn, meine Seele – *Kanon, mit Gitarrenakkorden*

GL 886* Lasst uns miteinander – *Kanon, mit Gitarrenakkorden*

GL 889* Der Herr ist mein getreuer Hirt – *nach Ps 23*

Sendungs- und Segenslieder:

GL 446 Lass uns in deinem Namen, Herr

GL 451 Komm, Herr, segne uns

GL 452 Der Herr wird dich mit seiner Güte segnen – *Strophenlied mit Kv, mit Gitarrenakkorden*

GL 453 Bewahre uns, Gott

GL 920* Herr, wir bitten: Komm und segne uns – *Strophenlied mit Kv, mit Gitarrenakkorden*

GL 921,1* Gott, du bist Anfang und Ende – *Kanon, mit Gitarrenakkorden*

GL 921,2* Komm, Herr, segne uns – *Kanon, mit Gitarrenakkorden*

Abschluss

Im Vergleich zur Eröffnung fällt der Entlassungsteil sehr kurz aus. Das ist kein Versehen, sondern durchaus beabsichtigt: Was wir in dieser Feier empfangen haben, drängt uns hinaus. Wir feiern nicht deshalb Eucharistie, weil dadurch eine besonders gute und gemütliche Stimmung in unserer Gemeinde aufkommt. Wir feiern Eucharistie, um für den Dienst an den Menschen, um für den Alltag gestärkt zu sein.

„Durch die Taufe dem mystischen Leib Christi eingegliedert und durch die Firmung mit der Kraft des Heiligen Geistes gestärkt, werden sie vom Herrn selbst mit dem Apostolat betraut. Sie werden zu einer königlichen Priesterschaft und zu einem heiligen Volk geweiht, damit sie durch alle ihre Werke geistliche Opfergaben darbringen und überall auf Erden Zeugnis für Christus ablegen. Durch die Sakramente, vor allem die heilige Eucharistie, wird jene Liebe mitgeteilt und genährt, die sozusagen die Seele des gesamten Apostolats ist.“
(Zweites Vatikanisches Konzil, Dekret über das Laienapostolat „Apostolicam Actuositatem", Art. 3)

Segen und Entlassung

Indem er die Hände über die Gläubigen ausbreitet und ein Kreuz über sie zeichnet, ruft der Priester Gottes Segen herab. Ein Segen zu sein – das ist die Berufung jedes Christen!

Abschlussriten:
a) kurze Mitteilungen, falls sie notwendig sind;
b) der Gruß und der Segen des Priesters;
c) die Entlassung des Volkes durch den Diakon oder den Priester, damit jeder Gott lobend und preisend zu seinen guten Werken zurückkehre;
d) der Altarkuss durch den Priester und den Diakon, anschließend die tiefe Verneigung vor dem Altar durch den Priester, den Diakon und die anderen liturgischen Dienste.

(vgl. GORM 90, vgl. AEM 57)

Der letzte Zuruf verdeutlicht das noch einmal: *„Gehet hin in Frieden!"*, ruft uns der Diakon bzw. der Priester zu. Im lateinischen Messbuch steht an dieser Stelle: *„Ite, missa est."* Das Wort „missa" ist die spätlateinische Form von „missio", was so viel wie Entlassung oder Sendung bedeutet. Man kann also auch übersetzen: *„Geht, ihr seid gesandt!"*

Es geht also nicht darum, dass wir jetzt nachhause gehen, um unseren Frieden, unsere Ruhe zu haben. Wir sind in die Welt gesandt, um Christus zu den Menschen zu bringen und zu bezeugen. Wir haben Tod und Auferstehung Jesu gefeiert. Als seine Jünger sollen wir Gottes Liebesgeschichte mit den Menschen weiterschreiben.

Was geschieht?

Sind Verlautbarungen für die Gemeinde zu machen, dann ist der richtige Zeitpunkt dafür vor dem Segen.

Der Priester, zur Gemeinde gewandt, breitet die Hände aus, um sie im Namen des dreifaltigen Gottes zu **segnen**.

An bestimmten Tagen und für bestimmte Anlässe bietet das Messbuch eine Fülle an feierlichen **Segensformeln** an. Oft wird dann nicht nur ein Mal mit Amen geantwortet, sondern drei Mal.

Der Diakon oder Priester **entlässt** die Gemeinde mit dem Zuruf: „Gehet hin in Frieden." Wir antworten: „Dank sei Gott, dem Herrn."

Wie zu Beginn des Gottesdienstes küssen der Priester und der Diakon den Altar, machen gemeinsam mit allen, die in dieser Feier einen besonderen Dienst versehen haben, eine Verneigung und **kehren** in **die Sakristei zurück**.

Folgt unmittelbar auf die Messfeier eine andere liturgische Feier (z. B. Fronleichnamsprozession), erfolgen Segen und Entlassung im Deutschen Messbuch erst danach.

Anregungen zur Gestaltung

Die Verlautbarungen sollen kurz gehalten sein und sich auf das Nötigste beschränken.

....

Drei Möglichkeiten kennt das Messbuch im Zusammenhang mit dem Segen, die der Priester sprechen oder singen kann:
- Einfacher Segen
- Feierlicher Segen
- Segensgebet über das Volk
  (vgl. MB II, S. 568–575)

....

Die **Entlassung** „Gehet hin in Frieden" kann gesprochen oder gesungen werden. In der **Osterwoche** bis zum Weißen Sonntag wird der Entlassungsruf mit einem **doppelten Halleluja** gesungen.

Das kann in der ganzen Osterzeit so gehalten werden, wenn der Entlassungsruf gesungen wird.

Gotteslob konkret

Von diesen letzten Worten hat die ganze Feier der Eucharistie den Namen „Messe" erhalten. Nicht nur Brot und Wein werden in Jesu Leib und Blut gewandelt. Die ganze Feier zielt auf unsere Verwandlung ab. Wir sollen Jesus ähnlich werden. Mit ihm verbunden sind wir wie er selbst Gesandte. Mit ihm verbunden können wir Frieden bringen und Versöhnung leben.

Warum nicht einmal ...

... die Gemeinschaft, die wir in der Eucharistie feiern, in einer Agape weiterklingen lassen? Dabei ist wichtig, dass die Arbeit nicht jedes Mal an denselben Personen hängt, sondern man sich abwechselt. In der frühen Kirche war die Agape ein geschwisterliches Mahl mit liturgischem Charakter, in dessen Verlauf auch die Eucharistie gefeiert wurde. Für uns kann das ein Anstoß sein nachzudenken, wie wir Gemeinschaft und Verbundenheit in unserer Gemeinde leben.

Autoren

Martin Sindelar, Studium der Katholischen Theologie und Religionspädagogik, Diakon, Leiter des Liturgiereferates der Erzdiözese Wien und langjähriger Zeremoniär, Fachreferent für Gottesdienstübertragungen in Radio und Fernsehen, Tätigkeit in der Erwachsenenbildung und in der Aus- und Weiterbildung von Priestern und Diakonen, Mitglied der Liturgischen Kommission der Österreichischen Bischofskonferenz, Mitarbeit bei der Erarbeitung und Einführung des neuen Gotteslobes.

Judith Werner, Studium der Katholischen Theologie und Religionspädagogik, gehört zur Gemeinschaft der Nachfolge Jesu in Ottenthal (NÖ), seit 2002 Pastoralassistentin für die Ministrantenseelsorge der Erzdiözese Wien.

Manuela Ulrich, Studium der Katholischen Religionspädagogik, seit 2010 Fachreferentin im Liturgiereferat der Erzdiözese Wien, Dozentin bei den THEOLOGISCHEN KURSEN, Tätigkeit in der Erwachsenenbildung und in der Aus- und Weiterbildung liturgischer Dienste.

Peter Jüthner, Studium der Katholischen Theologie, Priester, langjährige Tätigkeit als Pfarrer und Dechant, seit 2011 Mitarbeiter im Liturgiereferat der Erzdiözese Wien.

Armin Kircher, Studium der Kirchenmusik, Leiter des Referats für Kirchenmusik der Erzdiözese Salzburg, Stiftskapellmeister in der Erzabtei St. Peter in Salzburg, Vizepräsident der Österreichischen Kirchenmusikkommission. Als Koordinator für das Gotteslob in Österreich war er intensiv an der Erarbeitung des gemeinsamen Eigenteiles aller österreichischen Diözesen sowie an der Entstehung der Begleitpublikationen wie Orgel- und Kantorenbuch beteiligt.